ずれを楽しむ保育

見方がひろがる
研修・学び合い

宮里暁美・田島大輔・松本信吾 編集

「ずれ」を楽しむ保育
刊行にあたって

子どもが自分の思いを表すとき

　自分の思いを出して遊び込んでいる子どもとともに過ごすことは、保育者として最高の喜びです。そのとき、保育者がその遊びをどうにかしようと思わずにゆっくりその場に居続けると、「え？　そういう展開になるの？」という事態になって驚かされたり、「そういう発想は自分にはなかったな」と感心させられたり、という瞬間に出会えることもあるのです。

　それは、自分のなかに漠然とあった「遊びのカタチ」が粉々に砕かれた瞬間。その衝撃を味わいつつ、同時に、子どもの力に「ほほー」と感心してしまう瞬間でもあります。また、経験を重ねるなかで見えてくる感覚がわかってくると、子どもの動きに対して「お！　そう来ましたか」と思ってワクワクする、なんてことも起こるのです。

　私たちは、子どもの言葉や動き、発想に驚かされる瞬間を『「ずれ」に気づいた瞬間』と呼ぶことにしました。それは、保育者が思い描いていた「遊びの予想」と、その子自身が作り出す「遊びの現実」との間の「ずれ」です。

自分の思いを出しているからこそ「ずれ」が生まれる

　「ずれている」と聞くと、保育者として未熟で残念なことのように思われるかもしれませんが、私たちは、そんなことはないと思っています。逆に「ずれている」ことに気づけたということは、子どもの実態をとらえることができたということであり、価値のあることだと考えています。このまま保育者の側に、「子どもの思いをとらえよう」という姿勢があったからこそ気づくことができたのです。そして、一人ひとりの子どもが、自分の思いをしっかり出せるように成長してきたからこそ、このような姿が出てきたと言うこともできるのです。もしも、子どもたちのすることが、すべて保育者の思い通り、予想した通りに展開するとしたら、そのほうが怖いと思いませんか。

保育者としての経験を重ねると、子どもたちの姿を予想できるようになりますが、子どもたちの反応が予想通りすぎたら、自分の保育を少し見直すときが来たと考えるといいと思います。子どもたちの動きを統制してしまっていないか、子どもたちは、自分の思いをのびのびと出すことができているだろうか、と。

　そのような意味で、保育者はいつも予想を超える子どもの動きを心待ちにするようでありたい、「ずれ」を楽しみにするようでありたいと思います。そこに、子どもたちの思いの表れがあり、保育の奥深い豊かさがあるのですから。

「ずれ」をおもしろがることから始まる保育

　これからの時代を切り開く子どもたちに求められる3つの資質・能力について、幼児期においては、「知識及び技能の基礎」「思考力、判断力、表現力等の基礎」「学びに向かう力、人間性等」が必要だと言われています。「知識及び技能の基礎」とは、「何を知っているか、何ができるか」ということ。「思考力、判断力、表現力等の基礎」とは、「知っていることやできることをどう使うか」ということ。最後の「学びに向かう力、人間性等」とは、「どのように社会・世界とかかわり、よりよい人生を送るか」ということです。

　これらの資質・能力は、子どもが身近な環境に自らかかわり、力を発揮する体験のなかで培われていきます。園生活のさまざまな場面で、いろいろに感じ、考え、やってみるなかで、ゆっくり、そしてしっかり育まれていくものだと考えます。だからこそ、保育者は、子どもの思いがけないアイデアや夢に出会ったときに、そこで立ち止まり、新しい一歩を探していくようでありたいと考えます。

　「ずれ」をおもしろがることから始まる保育は、とても魅力的です。子どもと環境、保育者が応答的にかかわるなかで生まれる保育です。

「ずれ」に焦点を当てた3つの提案

　「ずれ」には積極的な意味があり、「ずれている」ことを自覚することは、子どもたちが生き生きと力を発揮する保育を実現するうえで重要な視点になると考え、『「ずれ」を楽しむ保育』を刊行することとしました。次の3冊です。保育が一味新しくなる、そんな視点を得る機会になれば、と願っています。

子どもの思いが輝く遊び・生活

　エピソードのなかには、子どもたちの着眼点や、そこに向き合い作り上げる保育の実際が描かれています。「子どもが動き出す保育の秘訣」について提案していきます。

少し変えたらおもしろくなる行事・環境・計画

　当たり前のように行っていた行事や環境について、「どうして？」という疑問符が生まれ、見直しをした実践例を紹介します。小さな違和感がきっかけとなり始まったことです。

見方がひろがる研修・学び合い

　子どもの思いをとらえられるようになると、保育は豊かに展開していきます。日々の保育を見直し、新しい観点を獲得できる研修や学び合いのあり方について、研修例を通して紹介します。

　3つの本は、「ずれ」を真ん中において、重なり合う関係にあります。どの1冊から読み始めても構いません。「これ！」と思うものから手に取ってください。

2024年9月

編者を代表して　宮里 暁美

はじめに
研修と学び合いを通じて

「ずれ」という言葉からは、不安やおそれを感じることがあります。それは、ただ周囲と異なることへの戸惑いではなく、保育において自分が大切な方向性を見失うのではないかという心配から来ているのかもしれません。私はあるとき、先輩の保育者から「何のために保育をしているの？」と問われたことがあります。すぐには自分では気づかなかったのですが、子どもたちとしっかり向き合わず、私自身が評価されることを気にしていたのです。その言葉を聞いて、私の保育への姿勢を見直すきっかけになったのです。

保育では、大人と子どもがもつ感じ方や価値観は異なり、それらがときに交差し、重なり合い、あるいはずれることもあります。この「ずれ」が、保育の多様な考えへの扉を開き豊かにし、より深い保育実践へとつながる要素であることに気づきました。評価に縛られず、「ずれること」そのものが新しい発見や成長の機会となることを学んだのです。つまり「ずれること」は、必ずしもネガティブなことではないのです。むしろ、異なる視点や価値観に触れることで、自分自身が成長するための大切なプロセスだといえるでしょう。物事を「正しい」か「間違い」かといった二項に分ける視点で見るのではなく、揺れ動く自分の考えや感覚を大切にすることも重要だと感じるようになりました。

ときには迷い、立ち止まり、考え直すことが、新しい気づきや成長の可能性を生むこともあります。「ずれ」をおそれず、その過程で得られる学びや発見に目を向けることで、保育の豊かさや質を高めていくことができるのではないでしょうか。

本書では、この『「ずれ」を楽しむ保育』をテーマに、保育現場での研修や学び合いの重要性と、その具体的な方法について解説しています。子どもたちの「予想外」の行動と、大人の「こうしてほしい」という思いとの間にある「ずれ」こそが、保育をより深く、豊かなものにしてくれる大切な要素です。そして研修や学び合いは、園の規模やニーズ、そして保育者の経験に応じて柔軟に対応することが必要になってきます。

保育者自身が常に学び続け、日々の保育で感じる疑問や課題を仲間と共有し、一緒に考え話し合うことを通じて、それぞれの保育に対する考えや子どもに対する見方がより深まり、質の高い保育実践へとつながります。本書では、具体的な事例を通して、研修や学び合いの実践方法やその効果を紹介しています。

本書をもとに、さまざまな園や、保育者一人ひとりがずれをおそれず、楽しむような保育を実践し、子どもたちの豊かな成長を支えるための助けとなることを願っています。

2024年9月

田島 大輔

「ずれ」を楽しむ保育 見方がひろがる研修・学び合い

CONTENTS

「ずれ」を楽しむ保育 刊行にあたって
はじめに 研修と学び合いを通じて

第1章
研修と「ずれ」について

11

第2章
学びがひろがる園内研修

19

はじめに（事例1〜6）
園内だからこそできる研修の重要性と意味

20

事例1 語り合うことを軸に保育を紡ぐ
エピソード記述を中心において

ひきえ子ども園（岐阜県岐阜市）

24

事例2 日常の保育すべてが学びにつながっている

かえで幼稚園（広島県廿日市市）

34

事例3 写真を活かした語り合い・学び合い

ふたばこども園（大分県大分市）

44

事例4 ICTを活用した学び

城崎こども園（兵庫県豊岡市）

56

事例5　日常の記録から保育を深める
多様な階層の研修を通して
野中こども園（静岡県富士宮市）　64

事例6　とことん語り合う園内研修
順正寺こども園（広島県広島市）　70

事例1〜6を振り返って　80

第3章
学びがつながる多様な研修方法　85

はじめに（事例7〜12）
多様な研修方法がもたらす可能性　86

事例7　語り合いの輪をひろげた「三園合同研究会」
エピソードを持ち寄って語り合う
お茶の水女子大学附属幼稚園・いずみナーサリー・
文京区立お茶の水女子大学こども園（東京都文京区）　88

**事例8　立場を越えて語り合う
プラットフォームを目指した研修**
語り合いで自分の引き出しを増やす
drawing out研究会（東京都等）　98

事例9　ハイブリッドで語り合う研究会
横浜市幼稚園協会特別研究委員会（神奈川県横浜市）　108

事例10　多様な保育観を育む「ゴチャ混ぜ」現場交流研修
垣根を越えて交流しながら、共通体験と振り返りで保育観を重ね合う
ぎふ森遊びと育ちネットワーク（岐阜県全域）　116

事例11　課題に向き合い、「変わる」につながる研修方法を企画
株式会社保育のデザイン研究所（神奈川県藤沢市）・・・・・・・・・・・・・・・・・・・・・・・126

事例12　「おや?」「は!」カードで語り合う研修方法
クオリスキッズ駒込保育園（東京都文京区）・・・・・・・・・・・・・・・・・・・・・・・・・・・・136

事例7〜12を振り返って・・144

座談会
語り合うことで、研修・学びが変わった・・・・・・・・・・・・・・・・・・・・・・・・・149

編集者紹介・事例執筆園一覧

第1章
研修と「ずれ」について

1 研修のもつイメージ

　研修というと、皆さんはどのようなイメージをもつでしょうか。「勉強する」「正しいことを教えてもらう」というイメージがある人も多いのではないでしょうか。そのような知識伝達型の研修も当然あります。それは専門家や専門書によって、知識やスキルを身につけるような研修です。発達の基本的な知識や感染症対策、また廃材の有効的な使い方や新しい遊具での遊び方などの研修はそれにあたるでしょう。巷には「明日から使える○○」のような研修がたくさんあふれています。

　一方で、保育を振り返って皆で話し合うような研修ではどうでしょうか。それらは知識伝達型の研修と同じように、「勉強する」「正しいことを教えてもらう」ものなのでしょうか。保育について語り合う研修でも、上意下達（講師や管理職など上位の考え方ややり方を下位の現場保育者に伝える）的な研修が多くあることは事実です。

　私自身も、保育現場にいたときには、そのような研修、しかも身も縮む思いをするようなものを行ったことがあります。それは、年に数回、該当クラス以外はすべて休園にして、全職員と大学の先生たちが、みんなでよってたかって私の保育を見て、午後からの話し合いの時間に皆でつるし上げる（ちょっと大げさですが）というものです。想像するだけでも嫌でしょう？　そこでよく語られていたのは、「もっとこのようなかかわりをしたほうがよいのでは？」「このときのこの子の気持ちはこうだったのではないか？」など、「こうすべき」「これが正解」ということがよく話し合われたように思います。

　このように、一昔前の保育研修では、「正しい保育のやり方」や「正しい子ども理解」という考え方があり、それに向かって「こうすべきだ」ということを学んでいく傾向がありました。確かに保育初心者だった私には、参考になり学びにつながったことも多かったのですが、私は私なりに何かを感じながら保育をしていたので、そこで語られる「正しさ」や「べき」って本当だろうか？　という疑問も同時にもっていました。それを言えずにモヤモヤすることもありましたし、「私はそうは思わない」と主張して、言い争いのようになることもしばしばありました。

　園内研修などに外部講師を呼んで、そのときは「うんうん」と聴いていても、講師が帰ったあとには「実際にはそんなことできないよね」「子どもの現

状がわかってないのよ」などとささやき合った経験が、皆さんにも多かれ少なかれあるのではないかと思います。

2 研修が陥りやすい問題点

保育を考えたり振り返ったりする研修を上意下達型で行うことには、大きく2つの問題点があると思います。

(1)「正解」や「べき」が不満や対立を生み、対話が成り立たない

保育を上意下達で伝える研修になると、上位の人からの一方的な伝達になりがちで、思っていることを互いに伝え合うような対等な関係性、対話する関係性が生まれにくくなります。特に、伝える側に権威がある場合には、伝えられる側はそれに従うしかなく、そうなると自分の思いは表現できないままになるので、不満がくすぶったり、あきらめて無気力になることが生まれやすくなります。

(2)「正しさ」を頼ることで思考停止する

実はこの問題のほうが根が深いと感じていますが、私たちは自分たちが今まで受けてきた教育のせいもあるのか、「正解」を求める傾向があります。例えば、保育者を目指す学生たちはすぐに「このようなとき、どうすればよいのですか？」とかかわり方の正解を聞いてきます。その場面をうまく解決するための正しいかかわり方があると思っているのですよね。そして、それを知らないと、子どもに対してどうかかわればよいかわからないという不安を抱えているようです。

保育現場にいる方は当然おわかりでしょうが、保育での出会いは、それぞれの状況や場面、これまでの経緯や関係性があるので、どうすればよいという一般化された正解はない（わからない）はずなのです。しかし私たちのなかには、「こういうときにはこうする」と、マニュアル化、パターン化して考えたい思い、そのことで自分の不安をなくしたい思いがあるようです。私たち自身のなかに、「正しさ」を頼り、「正しさ」を求めることで安心したい、もっと言えば悩み続けたくない、思考停止したい、という傾向があることを知っておく必要があるように思います。

研修と「ずれ」について　13

3 保育のなかで巻き起こることを
　　保育者はコントロールできるのか?

　「正しい」かかわりを求める心の背景には、正しいかかわりをコントロールすることでよりよい保育になる、という思いがあるのでしょう。確かに子どもを惹きつける話し方や提示の仕方、環境の配置などは経験やスキルが必要とされることです。そのことで、子どもたちがよりスムーズに遊びや活動に入っていくということがあるでしょう。特に、一斉に伝達したり指導したりする活動では、それらのスキルは有効です。

　一方で、保育において、私たちが困ったり話し合ったりする内容の多くは、計算できない、その場で巻き起こってしまうさまざまなことではないでしょうか。思いがけないいざこざ。いくら心を尽くしても心を開いてくれない子どもとのかかわり。その子の興味がどこにあるのかわからない。あの子の思いを立てればこの子の思いは満たされないときにどうすればいいのか、などなど。保育の多様な場で起こる個別具体的な内容です。それらに対して「正しい」とされるかかわりは役に立つことはありますが、それでもどうしようもないことのほうがたくさんあります。

　つまり、保育のなかで巻き起こることの多くは、私たちがいくらスキルを上げ、知識を身につけてもコントロールできないものといえるのではないでしょうか。そこに、保育のおもしろさと難しさがあるように思います。

4 必要なのは子どもの「心もち」を
　　理解しようとすること

　そのように、予測不能で巻き起こってしまう現実に対して、私たちは何をしているのでしょうか。あのときの私のかかわりはどうだったのだろうかと振り返りつつ、その「子ども理解」を深めようとしているのではないでしょうか。一人ひとりの行動の背景にある、その子どもの思いを表現として受け止めようとしています。

　日本の幼児教育の父とも言われる倉橋惣三の言葉を見てみましょう。

　　「泣いている子がある。涙は拭いてやる。泣いてはいけないという。な

ぜ泣くのかと尋ねる。弱虫ねえという。…随分いろいろのことはいいもし、してやりもするが、ただ一つしてやらないことがある。泣かずにいられない心もちへの共感である。お世話になる先生、お手数をかける先生、それは有り難い先生である。しかし有り難い先生よりも、もっとほしいのはうれしい先生である。そのうれしい先生はその時々の心もちに共感してくれる先生である。」

(倉橋惣三『育ての心（上）』フレーベル館、2008年)

　倉橋の文章の前半は、いわば知識やスキルからのかかわりです。それらはときとして役立つかもしれない。しかし、その子どもの「心もち」を理解し寄り添う保育者は少ないという指摘です。その子どもの心もちはどのようなものか。何を願っているのか。どのようなことで困っているのか。そのことが保育の出発点であることは、昔から変わらないのだと思います。

　私たちは、日々の保育を自ら省察しているでしょうが、それだけでは行き詰まることもあるでしょう。私たちが研修をする目的の一つは、この「子ども理解」に迫ることにあるといえるでしょう。

5　正しい「子ども理解」はあるのか?

　それでは、正しい「子ども理解」は存在するのでしょうか。そのことを少し考えてみたいと思います。「子ども理解」とは、そのときのその子どもの心情を推し量って理解することだというのが一般的でしょう。「今、きっとこんな気持ちなんだな」「この子は、こんなことが好きなんだな」という理解から、保育者の願いが生まれ、次のかかわりが生み出されます。とはいえ、保育者はその子ども自身ではないのですから、正解が導き出せるわけではなく、その理解は常に仮説ということになります。古賀 (2023) は、保育者の「子ども理解」は常に確定していない仮説であること、仮説であるはずの「子ども理解」を固定化してかかわるのは保育者としての専門性を放棄していることだと指摘したうえで、保育者は常にこの「子ども理解」を未定のものとして宙づりにして実践の状況に向かうことが求められると述べています。

　私たちは、「この子はいつもこうするよね」「この子にはこんな特性があるからこのようなかかわりが有効だよね」など、その子どもを固定的に見よう

研修と「ずれ」について　15

とする傾向があるように思います。言い換えれば、その子理解の「正解」を決めたがるのです。しかし、その子どもの心もちは常に変化するものであり、その都度、理解しようとしていくことが保育者の専門性として求められることを指摘しています。

同様に津守真（2008）も、「保育者の役割は、その子を分からないまま肯定的に、持ちこたえるということにある」と述べています。「子ども理解」とは、子ども理解の正解を見つけることではなく、わからなさを抱えながら、しかし、それで腐ったりあきらめたりせずに、常に肯定的にわかろうとし続け、その子どもと出会い続けるところにあることが、ここでも指摘されています。つまり、研修で目指されるのも、「正しい子ども理解」という正解を導き出すのではなく、みんなでわからないモヤモヤを持ち寄り、理解しようとして話し合いを続けていくこと自体ににあるように思います。

6 語り合いは「ずれ」があるからおもしろい

研修を通して皆で語り合うことには、一人で省察するのと違い、他者の感じ方、とらえ方に触れるということが含まれます。私はこのように理解していたが、あの先生はこのようにとらえていた、などという「ずれ」を感じることになります。この「ずれ」があるからこそ、自らの子ども理解や保育のやり方を揺さぶられ、問い直されることにつながります。上意下達型の研修は、なるべく「ずれ」をなくそうとして行われるものかもしれません。一方で、子ども理解など、保育のごちゃごちゃを含んだことを語り合おうとするならば、「ずれ」が生まれる研修が大事なのだと思います。先に述べたように、「子ども理解」は正解があるのではなく、常に問い続けていくことが大事なので、「ずれ」はその原動力になるのです。

7 「ずれ」を生み出すための工夫

つまり、語り合う研修においては、いかにして「ずれ」を生み出すことができるかが肝になりそうです。「ずれ」が生まれるためには何が必要でしょうか。まずは、参加者一人ひとりが安心して本音が出せる場である必要があるでしょう。皆が同じことを発言することが求められる場では「ずれ」は生ま

れません。また、自分の思いや気づきが、気軽に表現できる場があることも大切です。そのためのツールの活用も有効でしょう。そして、研修に何を求めるのかも大事になってきます。「正しさ」や「知識」を求める研修なのか、「ずれ」を生み出す研修なのかは、意識的に分けることが必要でしょう。

　自園のメンバーだけでなく、第三者がいることも有効です。同じ園の同じメンバーだけで語り合いを行っていると、どうしても似たような保育観になりがちです。子どものある行動を否定的にとらえ制止するのが当たり前の園もあれば、肯定的にとらえ見守るのが当たり前の園があるぐらい、園の保育観はバラバラです。まさに、常識と思われるところから異なるのです。ですから、違う保育観に気づかせてくれる第三者の存在や、他園との交流も有効になると思われます。他園を見に行ったり、他園の保育者とともに語り合う研究を行うことで、自分がいつの間にか身につけていた常識の他者との「ずれ」を感じることができ、自らの保育観を問い直すことにつながっていくと思います。

　ここまで、保育を語り合う研修では、正解を求めるのではなく、一人ひとりが自分の感じたことを語り合い、「ずれ」を感じることで自らの保育を振り返っていくことが重要であることを述べてきました。第2章、第3章では、各園や各研究会の具体的な事例を紹介しています。それぞれの園や研究会が、どのようにして「ずれ」を生み出す工夫をしているか、学び合いを深めているか、どうぞ読み進めてください。

参考文献
古賀松香『保育者の身体的・状況的専門性──保育実践のダイナミック・プロセスの中で発現する専門性とは』萌文書林、2023年
津守真『出会いの保育学──この子と出会ったときから』ななみ書房、2008年

第2章

学びがひろがる
園内研修

はじめに（事例1～6）
園内だからこそできる研修の重要性と意味

園内で行う研修は、保育の場においてより重要さが増してきているのではないでしょうか。知識や技術の習得を超え、保育者同士のつながりを強化している点、組織全体の成長を促進する点など極めて重要な役割を担っていることが浸透してきたともいえます。また、企業研修や人材育成の手法等もさまざまな形で取り入れられています。

園内で行う研修は、日々、多様な課題や状況に直面している個々の保育者が、知識や経験・考え方を共有し、互いに学び合う機会をもつことが重要であり、園内研修は、まさにそのような場を提供し、組織全体で保育の質を向上させるための基盤を築くものといえます。

1 日常の保育の延長線上にある研修

園内で行う研修の意味は、まず保育するなかで直面した経験や課題を出し合い、自由に語り合う機会を提供することにあります。研修を通じて、保育者同士が互いの保育観や子ども観を共有し、新たな発見や学びを得ることができるからです。保育者一人ひとりの成長が促されることにより、結果、園全体の保育の質が向上することにつながっていくのではないでしょうか。

園内研修では、保育者が直面している課題について、自分自身が行った体験をもとに考えをめぐらせることが求められます。特に、日常の保育記録や実際の具体的なエピソードをもとにして行うことも多く、まさに今の実践に直結しているため、実践的な学びの場といえます。保育中に撮影した写真を用いて保育者同士が語り合うことにより、実際の保育場面が研修に活かされ、見方や考え方、得た知識や気づきを実践に活かすという好循環が生まれやすいのです。このように、実践と研修が密接に連携していることが園内で行う研修の大きな特徴になります。

2 園内研修の対話により生まれる相手へのリスペクト

さらに、園内で行う研修のもう一つの大きな意味は、保育者同士の自由な対話を促進することにより、信頼と協力の文化を育むことです。保育者が日々の業務で感じたことや考えたことを率直に語り合える場があることで、個々の保育者が価値

観や考え方の違いを理解し合い、多様な視点から保育を見直すきっかけが生まれます。

　これにより、保育者は自らの保育観を振り返り、新たな視点を得ることができます。つまり、園内研修の目的は知識の一方的な伝達ではなく、双方向のコミュニケーションを通じて保育者同士が互いに学び合い、支え合う場を提供することにもあるのです。このプロセスを通じて、保育者同士の信頼関係が深まり、組織全体の協力体制が強化されていくことが重要です。特に、実践に即した語り合いが行われることで、保育の質が向上し、園全体の成長に大きく寄与すると考えられます。

　つまり、日常業務と密接に結びついている園内での研修は、保育者が現場で直面する具体的な問題や課題を解決するためのヒントや手段等を考える機会になります。保育中の出来事をもとに保育者同士で共有し、改善策を探ることで、実践的な学びを考える機会が得られるでしょう。このことは、この後に出てくるかえで幼稚園（事例2）や野中こども園（事例5）、順正寺こども園（事例6）の事例のなかで詳細が語られています。

　このように、研修内容や対話する相手が園の実際の話題であるので、研修で得たことを実践に活かしやすい状況が生まれるのです。そして実践し、また研修でフィードバックしていくというサイクルができてくると、園としての保育の質が向上していくように思います。

3　どのように子どものことを語り合っていくのか

　園内における研修では、保育者が子どもをより深く理解しようとし、各々が理解したことをもとにして、語り合うことにより保育を向上させていこうとしています。各々の園で、さまざまなアプローチを用いて研修を行っており、それぞれの方法により異なる形で子ども理解を促しています。

　編者の一人、松本先生は第1章で、いくら保育者がわかろうとしてもわかりきれないことを、正しい子ども理解はあるのだろうかとし、子ども理解において正解が導き出せない実際や、その人の見方の固定化の問題点について指摘し、その都度、子どもを理解しようとすることに保育者の専門性があるのではないかという示唆を提示しています。

4　子どものことを語り合う方向性

　保育者が子どもを深く理解し、その理解を日常の保育に活かすためには、語り合う方向性を示す方法や形も必要になってくるのだと思います。

　本章に出てくるエピソード記述、外部講師や

ICT（Information and Communication Technology）の活用、そして写真を用いた対話は、いずれも保育者が子どもについて語り合う方向性を示す1つの視点として、研修のなかで重要な役割を果たしています。ただし、あくまでも対話を促す要素としての共通の方向性なのだということも重ねて示しておきます。

　例えば、エピソード記述は、保育者が日常の保育で感じた葛藤や喜びを文章にまとめ、それをもとに対話を行うプロセスです。まず文章を書くことにより、保育者は自分の思考や感情を整理し、自分の行っていた保育を再度振り返ることになります。

　また、園内でエピソードを共有することにより、他の保育者から共感的な視点や異なる視点からの意見を得ることができ、より深い子ども理解が促進されます。また保育者同士が互いに支え合い、学び合う文化を醸成するだけでなく、組織全体としての子ども観や子ども理解の方向性を示す基盤を築く役割も果たしていると思います。これは写真を用いた対話も同じ視点があります。視覚的な記録をもとに保育者が自由に感じたことを語り合うことで、子ども観や保育観の違いに気づく機会が生まれます。

　この「ずれ」に気づくことで、保育者が新たに子どもに対して「問い」をもちます。その問いがさらなる子ども理解を促していきます。また、写真を使い対話することで、保育者は自身の実践を客観的に見直すことができ、子どもに対する新たな理解を深めることが可能になります。これは外部講師の活用にも同じことがいえるのではないでしょうか。

　またICTの活用も、子どもの行動や発達の記録をデジタル化し、保育者同士で情報を簡単に共有できるようにするツールとして非常に有用です。子どもの姿を記録し、それをもとにした議論を行うことで、保育の根拠が明確になります。また遠隔地にある園でも子ども理解を深めるための学びを共有でき、地理的な制約も超え、学びの機会がひろがります。

　方法や型に対しては、ハウツーになることや、その枠組みが強くなりすぎること、方向性に縛られることによる危惧もありますが、子どもを語り合う方向性を示す視点をもち続けることで見えてくることがあるのだと思います。

5　研修の枠組みを超えて

　園内での研修は、単なる知識の習得の場を超え、保育者同士が互いに学び合うことで、持続的に組織全体の成長を支える力となります。研修を通じて形成された学びの文化は、保育者が日々の業務のなかで常に学び続ける姿勢を育み、これが組織全体の保育の質向上に直結するともいえるでしょう。

また、保育者同士の協力関係を強化する役割も果たすのではないかと思います。研修のなかで培われた対話や意見交換は、日常の保育業務にもよい影響を与え、保育者が互いに支え合い、助け合う文化が育まれます。これは、保育者が困難な状況に直面した際にも、孤立せずにチームで問題解決に取り組む力を発揮し合うことにつながるはずです。こうした協力関係が強化されることで、保育者は個々の能力を超えて、組織全体としての強さを発揮することができるようになるのです。

　このような循環は、研修の効果を長期的に持続させ、保育者が常に新しい視点をもち続けるための原動力となります。保育者同士が支え合う場になることや、子どもをわかろうとすることを模索する文化が醸成されるのです。

6　わからないからこそ、わかろうとする

　しかし、研修をしたからといってわかることが増えるとは言いきれません。むしろわからないことのほうが多いでしょう。津守真は子どもの世界についてこのように語っています。

　「子どもの世界は私に理解できないが故に否定するのではなく、むしろ理解できないことの中に隠された意味があることを知って、肯定的に受け止めて交わりを継続する。理解できないことに積極的意味があるのを知ることが、相手をも自分もより良く生かす。」

津守真『子どもの世界をどう見るか——行為とその意味』
NHKブックス、1987年

　わからないことがあるからこそわかろうとする。子ども理解は永遠の課題です。だからこそ、わかろうと思うことに意味があるのではないでしょうか。

　実際の研修事例をお読みいただき、どのようにしてわからないことに気づき、わかろうとしたかという点に着目していただけたら幸いです。

　また、研修の目的や今現在の課題が明確であれば、保育者は自分たちの学びの方向性をしっかりと認識し、それに向けて積極的に取り組むことができるのです。だからこそ、研修の目的と内容がどのようにして明確になっていたのか、そのプロセスにも着目していきたいものです。

事例1　ひきえ子ども園（岐阜県岐阜市）

語り合うことを軸に保育を紡ぐ
エピソード記述を中心において

> エピソード記述では、子どもの心の細かな動きのみならず、そのときに感じた保育者の迷いや葛藤までが描かれます。読んだ人が、あたかもその場にいて、その空気感、一人ひとりの思いが感じられるようです。そして、「省察」では、保育者が感じている子どもとのずれ、疑問、戸惑いが赤裸々に語られます。このようなエピソード記述をもとにした園内研修は、読み手もそのときの子どもや保育者に思いを重ねることが起こり、当事者として自己の保育が問われ、それを語り合うことにつながっています。

1　ひきえ子ども園について

　ひきえ子ども園（以下「本園」）は、市街地にありながらも周辺には田んぼがひろがり、晴れた日にははるか伊吹山の稜線を望め、のどかな雰囲気が漂っています。

　2017年に保育園から幼保連携型認定こども園に移管し、0歳児10名、1・2歳児20名、3・4・5歳児（1号認定2名・2号認定20名）の定員116名です。園目標を「彩色彩光」と掲げ、子どもも保護者も保育者も、一人ひとりが自分のもつ色を輝かせ、そして、それぞれの色と色が幾重にも重なり合って放たれる色のおもしろさ、彩りの美しさに、心躍らせる暮らしを織りなしていきたいという思いを込めています。

　園目標を具現化するためには、より深い子ども理解と洗練された保育力が求められると考え、「私の記録」を綴る、「保育を紡ぐ」エピソード記述を描き、読み解く、「保育を物語る」公開保育を通して、保育に携わるすべての人が語り合うことを軸に保育を紡いでいます。

2 園内研修で大切にしていること

「私の記録」

保育が終わると、保育者が赴くままに私の記録を綴っています。その記録をもとに、週案が立てられ話し合います。とりとめもなく子どもの話に華を咲かせ、子どもとともに暮らしを創ることを丁寧に紡いでいます。

- 毎月第2・第4火曜日は0・1歳児、水曜日は3・4・5歳児、木曜日は2歳児（4月から9月までは、2・3歳児合同）午睡中13時から14時をめどに、担任と副園長、主幹とともに週案作成を行います。
- 第1・第3のそれぞれの曜日には、クラスミーティングを行い、子どもの姿や季節に応じて環境を整えたり、教材教具を作成したりします。

「保育を紡ぐ」

保育者が心を揺さぶられた場面を切り抜き、エピソード記述を描いていきます。そのエピソードに、自分自身を重ね映し、話し合いを深め読み解きながら、自分のなかになだれ込んでくるさまざまな思いを感じ取り、保育を洗練させていきます。

- 偶数月の第3週月曜日に全保育者が描いたエピソード記述を配布し、その週の木曜日・金曜日の午睡中の13時から14時の間に、そのときの子どもの様子に応じ、2グループ（各10名）に分かれ、副園長がファシリテーターとなり話し合いを行います。

「保育を物語る」

公開保育をするクラスの保育者が、「私の保育」として、自分の保育観と今の子どもの姿を綴ります。実際の保育場面を通して、講師も交え、子どもの心もちや育ち、関係性・保育者のあり様・環境等について話し合いを深めます。

- 奇数月（5月3歳児・7月5歳児・9月2歳児・11月4歳児・1月1歳児）に、午睡中12時45分から14時30分頃まで話し合いを行います。

3　園内研修例「保育を紡ぐ」

　エピソード記述は、ありのままの子どもの姿と自分自身の迷いや気づきなどの思いを重ねて描いていきます。「保育を紡ぐ」では、エピソードに触れて自分のなかになだれ込んできたさまざまな思いを、率直に語り合い、気づきをリレーしていくことを大切にしています。

エピソード❶
「うれしくて、泣いた」〜子どもに判断をゆだねること〜（5歳児 10月）
※子どもの名前は仮名

〈背景〉

　運動会が終わり数週間が経とうとしていた。担任が遠足の下見に出かけ、フリーである私は、午後から5歳児と過ごすことになった日のことである。ちょうど芋ほりの時期で、さつまいもの様子を畑に見に行くことも芋ほりへの期待が高まるかな…という気持ちもあり、午睡から起きたら散歩に出かけようと提案した。私の提案に、嫌だという子はいない。むしろ眠くて寝起きが悪い子も張り切って起きてきた。久しぶりの散歩が本当にうれしいのかもしれないが、保育者の提案にすぐ従う姿を見ると、"行かねば…"と思うのかな…と変に考えてしまう。

　早く出かけられたので、しばらくさつまいも畑で過ごしていると、虫取りが始まった。虫探しも楽しそうであるが、虫に興味のない子はウロウロし始めたのでそろそろ戻ろうと声をかける。せっかく全員がいるので、皆でリレーをしてからおやつに行けるといいな（運動会当日、泣けるドラマがあり、担任もリレーで生まれた団結力や思いやる気持ちを大事に育てたいと話していた）という気持ちから、「虫取り楽しそうだね…今から戻れば、皆でリレーできそうだけど、どうする？」と尋ねると、「リレーやりたい！」とすぐに並び始める愛さんや泉さん…他の子もそれにならうようにどんどん集まってくる。〈略〉

〈エピソード〉

　広場に到着した。「チームで順番決めてね」と子どもたちに伝え、その間に私はバトンを保育室に取りに向かった。戻ってくると、それぞれ順番を決めていた。足の速い子が皆わかっているのか、アンカーは樹さんと仁さんに決

まったようだ。偶然できたチームなので、速さの差は全く考えていない。いざ始めてみると、両チームともなかなかいい勝負で、抜いたり抜かれたりを繰り返していた。接戦で白チームが負けた。勝った黄色チームは大喜び。負けたチームにいた颯さんが涙していた。時間はまだあったので負けたほうに「残念やったね…もう一回やる？」と声をかけると、泣いていた颯さんは首を振る。しかし、累さんや仁さんは「もう一回！」と意気込んでいたので、「じゃあ、もう一回やりたいんだけどって、黄色チームに聞いてみたら？」と話すと聞きに行き了承を得ていた。

　勝った黄色のチームとは違い、何やらもめ始めた白チーム。どうもアンカーをめぐっての言い合いのようだ。珍しく拓さんがアンカーをやりたいと譲らないらしい。"えっ!?"と耳を疑った。いつもマイペースで我関せず的なかかわりの拓さんが、何を思ってそうしたいと言い出したのか。周りの皆は明らかに足の速い仁さんを推す。仁さんも自分がやると強い口調で主張。リベンジの気持ちもあったのだろう。しかし、納得がいかない拓さん。

　「じゃんけんにしたら？」と提案する子がいて、じゃんけんにしたが、どうしても勝ちたくて、後出しをして勝ったので拓さんはますます責められる。険悪なムードにもうお手上げと感じたのか、輪からはずれていく咲さんや陽さん。その姿に"何でここで他人事になるのか…"と「ねえ、皆で考えるんやて！　チームのことやよ！」と輪に戻した。

　少し遠巻きに様子を伺っていると、「じゃあ、どっちが速いか走って勝負を決めたら？」と悠さんが提案。拓さんもそれならと納得したのか、スタートラインに立つ。皆が見守るなか、勝負は圧倒的な差で仁さんの勝ちだった。負けを実感した拓さんは、うなだれて広場を出ていこうとする。それを見て数人があとを追う。しかし、泣きじゃくって戻ろうとしない拓さん。拓さんのこんな姿は初めて見た。きっと他の子も同じだったに違いない。どうするかは子どもにゆだねた。

　5分くらい経っただろうか…皆が拓さんとともに戻ってきた。拓さんを説得したのかと思いきや、何と仁さんがアンカーを譲ると言い出したとのこと。聞くと「あんなに泣くくらいやりたかったみたいで、代わってあげた」と。仁さんの気持ちに胸が熱くなった。やっと順番が決まり、2回目の勝負。誰も手を抜かずに走り、バトンを次の子につないでいく。今回は、終始リードを保っていた白チーム。アンカー前の仁さんは、さらにリードをひろげて拓

学びがひろがる園内研修　27

さんにバトンを渡した。

　しかし、どんどん距離を縮められる。力の限り走る拓さん。もちろん皆も全力で応援した。ゴール寸前、後ろから樹さんが猛追。本当に数cmの差で拓さんが負けた。

　黄色チームは「やったー！」と喜びの声を上げる。どっちが勝ったか…と判定を待つ子もいた。私は心が揺れた。本当に数cmのこと…"同点"とすべきか。「どっちだったかな…」と言いながら悩んでいると、「黄色が勝った！」という声が多数。白チームはみんな黙っている。近くにいたM先生が「どっちだった？」と拓さんに尋ねていた。走り切った本人がどう感じたか、大事なことだった。拓さん自身は、負けたことをちゃんと受け入れて「負けた」と話した。こんな大事なことを"同点"なんて言葉で片づけてしまおうと思った自分が恥ずかしかった。

　勝負は黄色チームが2回とも勝ったが、自分の気持ちをしっかりとぶつけられた拓さんや、その姿に心を動かし一緒に考えられた仁さんをはじめ、白チームの子どもたちは負けても"勝ち"だと感じた。こんな時間を共有できたことがとてもうれしくて、両チームを称えた。

　その日の帰りの会で『ないた』（作：中川ひろたか）の絵本を読んだ。自分も今日の皆の姿を見て「泣いた」と打ち明けると、泣いた経験を手を挙げて話す子どもたち。そんななか、手を挙げた拓さんは「アンカーになれなくて悔しかったけど、代わってくれて泣いた」と皆に話す。てっきり悔し泣きを話すかと思ったが、その後のうれし泣きのほうが、拓さんの心に響いていたのかと、ますますうれしくてまた涙が込み上げてきた。最後に手を挙げた純さんは、「友達が泣いていて、（自分も）泣いた」ともらい泣きしたことを話していた。

〈省察〉

　自分の保育を振り返ったとき、前に出過ぎていると反省することが多い。"こうなってほしい"という気持ちが強く、子どもの気持ちとずれてしまっていることも大いにある。だからこそ、自分なりに"ちょっと、任せよう""もう少し待とう"といつも自分に言い聞かせている。この日の散歩やリレーも自分の思いが前面にあり子どもたちが本当に楽しみたいとどこまで思ってい

たかと振り返る。

　リレーに関しては、一度だけでもう気持ちが果ててしまい「疲れた」と座り込む葵さんや、お腹が空いたから2回目はやらないと全くやる気を起こさない翔さんの姿もあった。24人いれば、体力も集中力が継続する時間も違うので、一斉に何かをさせることは、子どもにとって無理がある。自分がやろうと言い出したことだし、一度は皆でやり終えたのだから、2回目はやりたい子だけでやることにしていたらよかったのだろうか？　悔しい子もいるけど、やりたくない子もいるし、時間もないしまた明日…と切り上げることもできた。でも、そうしていたらこのドラマは生まれなかった。子どもの気持ちを汲み取ることや意志を尊重すること、どこまで保育者の思いを押し出すのか、難しいところである。

❶エピソード記述を読み解く

　K先生がエピソードを読み上げると、先生たちが次々に話し始めました。

> その場にいなかったけど、声を上げて応援したくなる…こんなシーンに出会いたくて保育者を目指したんやと、何か原点を思い起こされました。エピソードってこう描くんやなぁと…いつも自分が描くときは、何かどこかでこんな描き方でよかったんかなぁと不安があったけど…今すごくすっきりしました。ありったけの自分の思いを描きたいです。

　新人保育者のこの発言を受けて、経験15年目や担任のなかからも、自分のこれまでを振り返る発言が出てきました。

> K先生が、自分が出過ぎていると描いているけれど、それって、常に子どもたちに何が大切なのかと、子どもの心に寄り添って考えているからこそと胸が打たれました。私は、矛盾を感じて不安が募るばかりやけど、K先生は自分を奮い立たせるところがカッコいい。ぶれない軸があるからこそ、子どもにゆだねられるのかな。
> 担任やけど、いつもどこを子どもにゆだねていいのか迷走していて、こういう場面を生み出すことできなかったと思う。散歩とリレーとを切り離して考えたり、時間を見越して満足できそうな結論から考えて

場を整えてしまったりしたからだと気づき衝撃が走っています。

さらに、語り合い、「拓さんは？」という問いに向かっていきました。そして、そこから保育者の援助のあり方へと話し合いが進んでいきました。

- マイペースで独特な雰囲気をもつ拓さんという印象が強くって、その彼が泣いてまで強く主張できたことがすごい。それはK先生の日常の度量の広さからきている気がします。
- K先生の粘り。拓さんが竹で竹を叩くといい音がすることを発見したときに、音のするモノを集めて、1か月近くかけて、拓さんとつかず離れずの間をもちながらドラムを完成させていて、そのときも粘りに感心していました。先生とのつながりがあって、拓さんは自分の気持ちを爆発させたのだと思います。

子どもの育ち、それを支える保育者のあり方について語り合うなかで、その子の周りの状況（他児のこと、環境など）についても話題がひろがっていきました。さまざな立場、経験を重ねた職員同士で語り合うからこそその気づきとも思えます。

- 散歩つながりの2チームで、いつもと違う雰囲気に、いつものリレーよりハードルが低い感じがしたんじゃないかな。今ならという思いがやってみたいという言葉につながったように思えます。
- 拓くんが主張できたこともすごいことやけど、それを受け入れた仁くんも、泣き崩れる拓くんに駆け寄る悟くんも、話し合いが終わるまで待つ黄色チームの子どもたちも素敵。クラスの力を感じる。
- アンカーを代わってくれた仁くんの思いや応援してくれるチームの子たちがいて負けた自分自身を受け入れて「負けた」と話すことができたのでは。

「同点にしなかったこと」「絵本を読んだこと」についても思いを交わし合いました。「そのことの意味」を考え合う語り合いになっていきました。

- ここで同点にしていたら拓さんはうれしくないしモヤモヤが残って、でも力の限り走りきったから精も根も尽きていて、それを表現する力は残っていないかも。
- 「ないた」の絵本を読むK先生にもう脱帽。拓さんが拓さんの心を感じることが大切やし、そして、その心の感じは、拓さんのものであると同時に、クラスのみんなの心に感じ入ることに自然と導けるK先生に憧れます。

　ここまでの話し合いを受け、担任のT先生からは、自分の日頃のかかわりの振り返りと、拓さんへの想いや気づきが語られました。

- 拓さんの日頃の様子からは想像ができないくらい身体も心も動かしていて驚くばかりやったけど、突拍子もないところが拓さんの味で、魅力的に思ってはいたんやけど、こんなに心の芯が潔いとは。ますます好きになったし、もっともっと子どもたちに私が育ててもらわなきゃ。
- 日常の至るところに自分が見えていない小さなドラマと細やかな心の動きがあって、私自身も自分の心を解き放して、子どもと押す・引くの絶妙な加減をおもしろがって、子どもにゆだねることを楽しみたいなって思っています。

❷さらにエピソードが記述されていく

　リレーの場に居合わせたS先生は「私も感動して、その思いをエピソードにしたけれど実況中継みたいになってしまった。もう一度一日を省みたとき、私の心が最も揺さぶられたのはおやつのときの拓さんの言葉だったことにたどり着いたんです。点を重ね線で保育をするってこういうことなんだぁって実感しています」と、新しく描いたエピソードが紹介されました。エピソードを語り合い揺さぶられたことで、意識の奥にしまわれていたものが出てきたのだと思われます。S先生のエピソードの一部を抽出して紹介します。

エピソード❷
「楽しかった」～拓さんのなかから出てきた言葉の意味～（5歳児 10月）
※子どもの名前は仮名

　おやつの時間、拓さんと同じテーブルを囲み、私も一緒に食べ始める。何てことない顔をしているけれど、心のうちはどんなだろうか。どこまで気持ちが落ち着いたのか。リレーを話題にするとまた悲しい思いでいっぱいになってしまうだろうから。でも、最後に拓さんが自分で負けを認めたことは私の心の中に大きな渦を作っている。この感動を拓さんに伝えたい…と言葉を探す私。たわいない会話をしていたが、拓さんが突然「負けた」とつぶやいた。そして「でも楽しかった」と続けた。みるみる拓さんの目には涙がたまっていく。

　拓さんのウルウルした瞳を見ていて広場でうずくまっている姿を思い出し、熱いものが込み上げてくるが、「楽しかった」と言う言葉が出てくるとは予想していなかったので驚いた。拓さんの心は負けたことによる悲しさと悔しさでいっぱいだと思っていた。だからこそリレーの話は避けようとしていたのだ。まさか楽しかったとは…。自分からリレーのことを話題に出すとも思っていなくて、正直私がたじろぎ、頭の中は混乱していた。

　そうか。アンカーができたことが拓さんにとっての楽しかったことなのか。「そっかー。拓ちゃん楽しかったんや。アンカー走ったもんね」と言葉をかけるとにっこりする拓さん。「でも最後、自分で負けたって言えたの、先生すごいなあって思ったよ」と伝えると、またにっこりしておやつを食べ始めた。自分の思いを汲んでもらい挑戦できたことは、リレーの勝敗よりうれしいことだったんだと今更ながら気づいた。

〈省察〉

　リレーに負けたことにより気持ちが萎えていると勝手に思い込んでいた私。団体競技だと、チームの勝敗に注目しがちだ。しかし走っているのは個々である。チームである前に一人ひとりの思いがあって当然である。チームが勝ったらうれしい、負けたら悔しいという先入観で見ていた自分に気がついた。一人ひとりが何を感じているかに眼差しを注ぐことが大切だと感じた。

　S先生のエピソード記述が読まれたあとに、K先生がさらに自身の思いを掘

り下げていきました。

> 　私は、どこかでフリーは、じっくり子どもとかかわることができず、自分の性には合わないとずっと思っていて…でも、こうしてみんなの話を聞いて、フリーだからこそ、いつもと違うリレーが提案できたのかも。ちょっと担任の先生たちとは違うステージで子どもとかかわるおもしろさがあるのやなぁと、気づくことができたかな。
>
> 　拓さんが「アンカーやりたい」って言い出したことは本当に驚きで、その思いを叶えさせてあげたい思いが沸き上がってきたけど…でもなぜそこまで言い放ったのかが不思議やったけど、それは、たまたまじゃなくて、いろんな体験と思いが積み重なっての言葉やったんやなぁって…今清々しい気分。

4　ずれって最高

　保育を営んでいると「かけがえのない私」（子ども・保育者・保護者）と「かけがえのない私たち」（子どもたち・保育者たち・保護者たち）の間で気持ちや出来事に揺れや矛盾、違いなどを感じ、ずれることが多々あります。それは、今まで歩んできた道、興味・関心、得手不得手、経験値、価値観、保育観などが違う人が集うのですから、ずれることのほうが自然であるようにも思います。むしろ、ずれを感じるあたりに保育を洗練させていく余地があり、深堀りすることにより保育にうま味が添えられると感じています。「保育を紡ぐ」エピソード記述を読み解いていくなかで、誰もが揺れや矛盾等・ずれを感じながら生きていることに共感し、そこを潜りぬけていくプロセスに、その人となりと意味があることを感じ入り、より奥行き深い保育へと導かれていくような感覚を覚えます。

　新任の先生が「私はまだ自分の色さえわからない…エピソードや保育を物語ったあとは子どもと会いたくなる…二日経つとまた迷宮入り…あこがれの先生たちも迷うんだから、私はもっともっと迷ってもいいんやなぁ。いっぱい迷うことが今私のできることかも…そんな気持ちを言葉にすることが大事」と綴っていました。ずれと対峙し、自分の歩幅で曲がりくねりしながら歩むことがおもしろいと瑞々しい言葉で届けてくれて最高です。

事例2　かえで幼稚園（広島県廿日市市）

日常の保育すべてが学びにつながっている

　　かえで幼稚園の研修の特徴は、一つには園内研修を「公開」することで、多様な意見の交流を生み出していることにあるでしょう。多くの園でも取り組むことができる可能性がありそうです。さらに特徴的なのが、日常業務とされている職員会議やクラスだよりの発信、さらには雑談までも「研修」になっている点だと思います。なぜ日常業務が研修となるのか、そのキーとして"「Why」を添える"ことが指摘されています。つまり、「なぜ○○をするのか」と意味を問うことができれば、そこから保育を考えることにつながっていくというのです。これは、私たちが見落としがちな点ではないでしょうか。

1　園の紹介

　かえで幼稚園（以下「本園」）は広島市の西、廿日市市にある定員180名の私立幼稚園です。現在、満3歳児から5歳児まで9つのクラスがあります。「あそんでぼくらは人間になる」を合言葉に、子どもたちが遊びながら自分の力で自己を形作っていくことを目指しています。保育者は、そのために必要と思われる多様で手ごたえのある環境を用意し、援助を過不足なく行うよう心がけています。

2　日常のなかでの園内研修

（1）公開園内研修

　全職員での園内研修は、夏季、冬季などで園児が登園しない期間を使い、年に2、3回程度行いますが、そのうち1回は公開研修を行うようにしています。

公開研修とは、園の保護者、他園や小学校や大学の先生、役所の保育担当部署などに声をかけ、本園の職員研修に参加していただくものです。

　保育や教育の現場はとかく閉鎖的になりがちですから、内部だけで研修を行うだけでは自己満足に陥りがちです。外部から客観的に見ていただくことで、新たなものの見方や論点が加わり、視点をひろげることができます。参加される外部の方々にとっても、同様の効果が期待できます。

　研修のテーマは職員が決めますが、過去には「運動会のあり方」「私の園の自慢ポイント」「ダンゴムシとのつき合い方」など、日常のなかで疑問に思っていることや、他園や外部の意見が気になるようなテーマが選ばれます。例

えば、「園の自慢ポイント」では持参していただいた各園のビデオを見ながら進めましたが、価値観のずれを感じることがあっても、ともに学びを進めていくと否定的にはならず、むしろ柔軟に価値観をひろげる機会になったと思います。

　話は少しずれますが、幼稚園団体などが公開保育を企画しても、なかなか引き受けてくれる園が見つからず、結局、強制的に順番で実施をしてもらうような話はよくあります。他の園には必ず学ぶところがありますし、何よりも公開した園こそ、最も収穫を得るはずですが、どうしてそんなに嫌われるのでしょう。

　資料づくりや当日の運営が大変ということもあるでしょうが、それよりも、自園の保育について外部の人からとやかく言われたくない、という気持ちが強いのではないでしょうか。

　これは無理からぬことで、発言がたとえほめる内容であっても、やはり「上から目線」で言われている感はぬぐえません。どうしても評価する側と評価される側という構図になってしまいがちなので、経験者が優位になりやすいです。若い保育者の場合は、質問を受けるだけでも萎縮してしまう傾向にあります。したがって、はじめから指摘を避けられそうな「よそ行き」の保育をしたり、園児に予行をさせたりするようになります。それではそもそも

学びがひろがる園内研修　　35

日常の保育からずれたものになります。

　保育を客観的に見ていただくことは大変重要なことですが、目の前の保育をまな板に上げると、言わば生々しくなりすぎるのです。公開保育が嫌われる理由もそこにあると思います。

　その点、共通のテーマを掲げた公開研修であれば、外部の人や経験者とも対等な立場で議論できます。また、園の環境も見ていただきますが、環境の公開は保育の公開ほど生々しくないので、外部の意見や感想も対話的に考え合う材料になります。

　保育者の研修は教えてもらう場ではなく、考えるきっかけを得る場、「主体的、対話的で深い学び」であるべきです。そのためにも、立場の違いが上下関係にならないような工夫が必要です。

（2）職員の研究グループ

　現在、本園には職員の研究グループが2つあります。一つは「Q&Aグループ」で、もう一つが「実践学会グループ」です。

　Q&Aグループは、在園児の保護者や入園前の人たちから園に寄せられることが多い質問について、園としての回答を冊子にまとめてみようという活動をしています。園長だけでなく職員が書くことで、自園の考え方の理解や再検討につながります。

　実践学会グループは、毎年開かれる幼児教育実践学会（全日本私立幼稚園幼児教育研究機構主催）などで研究発表することを目標に、テーマの選定や研究活動をしています。

　強調しておきたいのは、どちらも園長が主導してできたグループではないことです。職員の間から「やってみよう」という意見が出て、それぞれに希望するメンバーが参加しています。どちらにも所属していない職員もいますが、それも自由です。

　多忙ななかでも、それぞれが月に1、2回集まる時間を確保できるのは幼稚園の利点でもありますので、最大限活かしていきたいと思います。ただし、1回の時間は決して長くはないので、スマートフォンやパソコンで使えるコミュニケーションツールも利用して、話

し合いの経過や資料をグループ内や職員全員で共有しながら、効率的に進めるようにしています。

メンバー以外の職員も、進捗状況を定期的に受け取りながら、意見を言ったり、資料提供、アンケート、原稿作りなどで参加、協力しています。

3 テーマをもった園内研修

(1) 研修の始まりは雑談から

園児が降園し、保育室の片づけなどが一段落した職員たちが職員室に集まってくると始まるのが雑談です。その日あった保育のエピソード、おもしろかった場面、ちょっと困ったことなどが脈絡なく話題に上ります。子どもへの対応など保育のなかでの悩みや迷いの相談などカンファレンス的な内容もあれば、「昨日、うちの娘がさー…」といった、思いきりプライベートな話題も出てきます。登園前の朝の掃除や保育準備の時間には、どちらかというとプライベートな話題が多くなるようです。

園長の私は、それを小耳にはさみながら背を向けて仕事をしています。ときには話にツッコミを入れます。新人の保育者もはじめのうちは傍聴していることが多いようですが、慣れてくると次第に対等に話せるようになります。

保育の経験年数の違いというずれは当然存在しますが、後輩保育者は先輩たちのやりとりを聞いているだけで、子どもの言動のとらえ方や、環境構成と援助を行う保育者の意図、園全体の考え方などを学んでいきます。そして、若い保育者の発言や悩みは、ベテラン保育者が経験がある故に見落としがちな点を浮かび上がらせたり、保育の原点を改めて確認するきっかけとなります。

また、園長と職員という立場の違いによるずれもありますが、そういう雑談を聞くことで、園長は自分だけでは見ることができない子どもたちの様子や職員の意識などを知ることができますし、逆に園長の一言が、職員にとってヒントとなる場面もあるでしょう。雑談は、そういうずれがすり合わさって自己の幅をひろげるチャンスなのです。

ところで、雑談のなかにプライベートな話題が混ざることについては、どう考えたらいいでしょうか。公私のけじめをつけるのはプロとしては当然ですが、一方で、子どもたちの体や心や頭脳の成長に寄り添うわれわれの「武器」は、まぎれもなくわれわれ自身の体や心や頭脳なのです。つまりわれわれは、自分のもっているすべてを使って仕事をしているわけで、それは公の部分（つまり、「先生」という立場）だけで補いきれるものではありません。

　プロとしての公私のけじめは意識しなければなりませんが、園がプライベートな話題を一切認めない場であっては、職員は非常に窮屈を感じ、保育も窮屈で管理的になるでしょう。私語は立場や年齢のずれを埋めてくれるものでもあります。また、それを認めていても際限がなくなるようなことはなく、いつの間にか話題は保育の話、子どもの話に収束してくることがほとんどです。保育者という人たちは、結局、子どもや保育を語るのが好きな人たちなのです。

　保護者への対応も同様です。子育ては非常に私的な営みですが、親は自分の全人格で子どもに向き合っています。そんな保護者に対応するには、保育者もその全人格が問われます。「先生」という立場だけで接していては、保護者とのずれは大きくなってしまい、保護者も建前しか語らなくなります。

　ましてや子どもは、人格のすべてを使いながら生きています。もちろん子どもも社会人としての外向きの顔と、家庭などでの内向きの顔をもっていますが、大人のようにどちらかを完全に隠すわけではありません。そのような子どもに「先生」の部分だけで接しようとすると、受容的、共感的な部分が影をひそめ、指示、命令、禁止などを主とする管理的な対応になってしまいがちです。

（2）打ち合わせの職員会議も研修になっていく

　月に2、3回開かれる職員会議では、これからの活動や行事の打ち合わせ、終わった活動や行事の振り返り、全員が共有すべき情報の交換などが主な議題となります。これらは一見研修とは別物に見えますが、案外これが学びの場として重要なのです。

　例えば、運動会の打ち合わせについて取り上げると、種目や時間の流れ、職員の分担や用具の出し入れを確認するだけでは、特に学びは生まれないでしょう。同様に、終了後の振り返りも、予定通り流れたか、トラブルはなかったかなどを確認するだけでは学びは生まれません。

　ここで重要になるのは「Why」を添えることだと思います。いつ、どこで、何を、どのようにするかだけでなく、「なぜ運動会をするのか」という原点に立ち戻り続けることが大切です。そうすると、子どもの育ちにとって何が大切なのか、そのためにはどんな一日にすべきか、保育者の役割は何なのかなどの検討も、広く深いものになるでしょう。そのことが、職員一人ひとりにとっても、保育を考える大きなきっかけとなります。

　繰り返しになりますが、保育者の研修とは何かを教えてもらうことではなく、考えるきっかけを得ることです。

（3）各職員の発信が互いの研修になる

　本園では、各クラスの担任が保護者向けの「クラスだより」を発行しています。発行頻度は月に1、2回ですが、発行日や書式は各担任に任されています。比較的文章量の多い人もいれば写真が主体の人もいるし、パソコンで打つ人もいれば手書きの人もいて、かなり個性的な印刷物になっています。

　原稿ができると園長が目を通します。内容について変更を指示することはめったにありませんが、読んでいただく保護者の立場に立って、よりわかりやすい表現になるようアドバイスしたり、全体を俯瞰して、バランスがよくなるように検討を促したりすることはあります。原稿を再検討することで、担任も自分が伝えたいものは何かということが、より明確になっていきます。

　保育というのは1日単位、1年単位の繰り返しが多い仕事なので、慣れてく

年長組のクラスだより

ると、無意識のルーチンで済ませがちになり、本質からずれていく危険がありますが、クラスだよりは、しっかりとした意図をもって環境構成や援助をしてきたかということを各担任が考え直す機会でもあります。つまり、研修の一つです。

　また、クラスだよりは全職員に配布されますので、保育者同士が、他者の考えや具体的な環境構成、援助を知る機会ともなりますし、発信の仕方についてヒントともなります。園全体の保育の質向上に、大いに役立っているといえるでしょう。

　これとは別に、園長が責任をもって発行するものに「園だより」があります。これは保護者への発信であると同時に、職員へのメッセージでもあります。ただし、内容をチェックしてくれる人がいないことが多いでしょう。園長は職員だけでなく、自分自身をも俯瞰しなくてはならないのです。

（4）誰でも発信できることを園の風土に

さまざまなずれが研修や保育の質向上につながり、園の保育の幅がひろがるためには、どんな立場の人も忌憚なく発言や発信ができる園でなくてはなりません。そのために役立ちそうな工夫について述べます。

❶リーダーや園長の配慮

3（1）で述べたような、私語を含む雑談が活溌に飛び交うためには、やはりリーダーや園長の配慮が大切です。若い職員の発言を否定したり未熟者扱いするのではなく、受容的、共感的な態度、つまり「おもしろがって」接することが必要ですが、そのためにはリーダーも自分の力が認められていて、活かされているという満足感がないと、なかなか受容的な態度になりにくいでしょう。

それぞれの職員が自分の仕事に満足感を感じられるような園を作るのは、園長の役割です。指示、命令、禁止など管理的な対応ではなく、受容的、共感的な対応に努める必要がありますが、そのためには、園におけるさまざまな課題を、職員に率直に相談することも、一つの方法でしょう。

「降園のとき、門のあたりが危険だと思うんだけれど、みんなはどう思う？」「どうしたらよいだろう。よい知恵はない？」など日常のことから行事の考え方、新人の採用についてなど、何でも相談してみればいいのです。決定はもちろん園長の責任ですが、相談されることで、職員は自分も園を動かす一員であるという実感をもち、自分の発信や仕事内容に価値を見出すようになります。

「ほうれんそう」といわれる報告・連絡・相談の重要性は、若い職員よりもむしろ園長の側にあるようです。

話が弾むためには、職員室がリラックスできる場でなくてはなりません。飲み物やおやつが常備されていることも、案外大切かもしれません。

❷互いの呼び方を改めてみよう

　職員が互いを「○○先生」と呼び合うのをやめてみませんか。3（1）でも述べましたが、「先生」というのは「私」のなかの一部でしかありません。互いが私ごとを含めた全人格同士として向き合うことが大事です。本園では、園長も含めて職員は「○○さん」と呼び合っています。

❸会議に小グループ制を取り入れる

　職員会議なども、いつも全体で行うのではなく、一つのテーマに沿って数人ずつの小グループで話せる機会を作りましょう。その際、グループは年代別や経験年数別にしたほうが、議論が活発になるようです。ベテランの長所は、より広い視野でものを見ることができることであり、若手の長所は、より多くのパワーをもっていることです。そのずれを明確にしたほうが、若手もベテランも互いに得るものが多くなるようです。これがすなわち研修であり、強い組織づくりにもつながるでしょう。

4　研修を企画するうえで

　園内研修における園長の役割は、保育現場における保育者の役割と似ています。保育者が子ども一人ひとりを観察したりクラス全体を俯瞰したりして環境構成や必要な援助を行うのと同様に、園長は職員一人ひとりや園全体の課題を把握し、研修が進みやすいような環境構成と援助を行うことが求められます。

環境構成とは、研修の場や時間を作ったり、必要に応じて講師や外部の参加者など人的な環境を整えたりすることです。そして援助も保育同様、指導や評価よりも、提案、問いかけ、共感などを重視して現場の保育者の学びを支えることです。

　保育者が研修をする意味の一つは、学ぶ姿勢を子どもに見せることだと私は考えていますが、同様に園長に学ぶ姿勢があれば、現場にも自然に学ぶ風土ができてくるはずです。

　幼稚園教育要領のなかに「幼児と共によりよい教育環境を創造するように努める」（第1章 総則 第1 幼稚園教育の基本）という言葉がありますが、研修における環境構成や援助も、園長が独断で行うのではなく、現場の保育者と対話を重ねながら、よりよい研修をともに作ることが大切でしょう。保育者と子どもが上下関係ではないのと同様、園長と保育者も対等の立場でそれぞれの役目を果たしてこそ、よい学びが生まれます。

学びがひろがる園内研修　43

事例3　ふたばこども園（大分県大分市）

写真を活かした語り合い・学び合い

　ふたばこども園では、「写真を使って語り合う」研修を行っています。保育記録等に写真を使って工夫している園は多くあると思います。そのような日常の記録をもとに研修を行っているところに特徴があります。研修のために事例を作成するのではなく、日々の実践と研修が一体化しているといえます。また、園長の思いとしても語られている業務量と保育の質の向上の両立の工夫の一つにもなっています。写真を使った語り合いでは保育者が各々の思いを語り、そこからさまざまな問いが浮かび上がっています。この「問い」に意味があり、各々の感じ方や考え方にずれが生じるからこそ、語り合いの場の意味があり、保育者同士が互いの子ども観や保育観を知ることができるのです。それこそが子どもを肯定的に理解することにつながっています。日常の保育や業務とのつながりをもとにし、業務量と保育の質の向上を考えていく研修のあり方といえるでしょう。

1　ふたばこども園の概要

　ふたばこども園（以下「本園」）は、大分市の中心部に位置しながらも自然豊かで清閑な地にある、定員92名の保育所型認定こども園です。1965年に開園しました。2012年に子ども主体の保育に出会い、試行的に実践を重ね、2015年度から本格的に子ども主体の教育・保育へと移行しました。以来、現在までさまざまな実践的課題に立ち会うなかで、子どもの姿を「写真」というツールを核として使って保育者同士が語り合い、学び合う機会をつくってきました。
　本項では、本園が「写真」による語り合い・学び合いをこれまでどうつくってきたか、そして今どうやっているのか、また、その取り組みを通して見えてきたことについて紹介します。

2 写真を使った語り合いの始まり

　近年、写真を使った記録やドキュメンテーションを作成し、保育者や保護者などと共有する園も増えてきていると思います。ここでは、本園がどのように写真というツールを活かしてきたかについて紹介します。

　2012年に子ども主体の保育に出会い、試行ののち本格的に2014年から子ども主体の保育へと移行したものの、自発的に遊んでいる子どもの遊びのなかの学びや育ちの姿のとらえ方について、私たちは大きな課題を感じていました。そのようななか、他園の写真を使った取り組みを知って、それをヒントに始めたのが「わたしのカンファレンス」（通称「わたカン」）です。保育者が「いいね」と感じた子どもの姿を写真に撮り、発表するというものでした。

　始めた当初は、「いいね」と感じた場面を発表することに、楽しさを感じている様子が見られました。しかし、園長である私が「いいね」のみの発表に物足りなさを感じ、2018年より「幼児期の終わりまでに育ってほしい姿（10の姿）」や「幼児教育を行う施設として共有すべき事項の育みたい資質・能力（3つの柱）」をとらえた発表にするよう提案、実施したところ、今度は保育者たちの間で読み取りへの不安感や義務感が生じてしまい、結果、保育者たちの生き生きとした発表が見られなくなってしまったのです。そこで私は、2020年から一旦「わたカン」をやめることにしました。

「わたしのカンファレンス」の発表場面

　また、やめた理由は他にもう1つあります。ちょうど働き方改革を進めていたこともあり、夜開催の「わたカン」は、私（園長）のなかで見直しの最優先事項になったのです。

3 語り合いのよさに気づく保育者と園長とのずれ

　「わたカン」をやめて半年ほどが過ぎた頃でしょうか。一部の保育者から、またやりたいという声があがりました。理由を聞くと、外部研修などで写真を使った語り合いをするなかで、これまでずっとやってきた本園の「わたカン」がやっぱり楽しかったし、また大切だったと改めて感じたと言うのです。私は、みんな写真を通して語り合いたいのだと実感し、うれしくなりました。

学びがひろがる園内研修　45

と同時に、働き方改革のみにとらわれ、保育者の「わたカン」への思いに気づいていなかった、まさに園長である私と保育者との思いのずれに気づいた場面でした。

　私は「わたカン」の復活に賛成しましたが、働き方改革もあり、どのように行うか思案していたところ、ドキュメンテーションリーダー保育者と主幹保育教諭が、月2回程度、日中に保育者が交代して行う少人数制の「わたカン」を考えてくれたため、実施することになったのです。

　ところが、これもまたやめることにしました。理由は2つありました。1つは、写真を使った語り合いが日常的に起こるようになり、あえて「わたカン」という時間を設定する必要がなくなったこと。もう1つは、働き方改革をさらに進めるために、わたカンに使っていた日中の時間をノンコンタクトタイムとして指導計画の作成や行事の準備、環境整備などといった他の業務に充てることにしたからです。

4 写真による語り合い、いくつかの取り組み

　月2回の日中開催の「わたカン」はやめましたが、「写真」を使った記録や語り合いは大事にしています。そのため本園では、全園児の写真（どこで何をして遊んでいたか）を毎日撮って園のクラウドに保存し、それを活かしていくつかの取り組みをしていますので、主なものを紹介します。以前は写真をクラス担任が撮っていましたが、子どもとじっくりかかわる時間がとれないなどの課題も出ていたことから、今は3・4・5歳児のリーダーと0・1・2歳児のリーダーが撮っています。ただ、担任も日々の計画やドキュメンテーションの作成に活かすために、"これは撮りたい！"と思った子どもの遊びの様子などは、日常的に撮っています。

❶「今日のいちまい」

　在園保護者向けに、わが子が今日どこで何をして遊んでいたかがわかるように、園のホームページの保護者専用ページにアップしているものです。もともと3・4・5歳児の連絡ノートを廃止した際に、その代わりとして、写真を見れば今日の子どもの様子がわかるからと始めたものです。毎日、その日登園した全園児を撮ってアップしているので、家庭での夕食時などに写真を

囲んで家族の会話の種にしてもらえたらうれしいとも思い、やっています。

❷「ドキュメンテーション」の作成

ドキュメンテーションは、基本的に保護者向けとして遊びのなかでの子どもの学びの姿などをお知らせするために作成しています。また、意図的に廊下の低い位置にも掲示することで、子どもたちも普段からよく見ている姿があります（写真上参照）。

廊下に掲示したドキュメンテーション。保護者も子どもも見やすい

❸「カンファレンスや園内研修」

前述した「わたカン」や担任など数人が集まって個別の子どもをとらえるカンファレンスは、保育者同士が子どもの姿を写真を通して語り合いながら子どもを理解するツールとして使用しています。また、園内の各種研修では、研修テーマの内容に沿った写真や動画を使用して行うと、保育者にとっても研修の内容がより理解しやすくなります（写真中参照）。

園内の各種研修で、写真を使って語り合い。このときは新任研修

また言うまでもないかもしれませんが、週案会議などで、その週の子どもの姿を写真とエピソードからとらえ、保育者同士で翌週の計画を考えたりもしています（写真下参照）。

他にも「写真」を活かしていることがあります。例えば、毎日11時から3・4・5歳児クラスで行っている「振り返りミーティング」（＝サークル・タイム）で、保育者が今日の遊びの様子（写真）をモニターに写して、クラスみんなで共有し、保育者と子

保育計画を立てる際に、保育者同士が写真を使って語り合う

どもが遊びを振り返っています。また、子どもの描いた絵や作ったものと一緒にその最中の写真を掲示し、子どもたちにもそのプロセスがわかるようにしています。

5 写真による語り合いの実際

(1)「今日のいちまい」からの事例

保育者のイメージを超える子どもの姿との出会い

先日、本園の主幹保育教諭のA先生が、私にこんな話をしてくれました。

学びがひろがる園内研修　47

この間、「今日のいちまい」を(ホームページの保護者専用ページに)アップするために、各クラスのアップ予定の写真を見ていたら、2歳児のOちゃんが深皿に泥土を入れてスコップで混ぜている様子の写真があったんですよ。
　私、「何をしてるのかな？　お料理してるのかな？」って思って、ちょうど職員室にいた0・1・2歳児リーダーのB先生に聞いてみたんです。そうしたら、B先生も同じようにその写真を見て何だろう？　って思ったみたいで、すでにB先生が(2歳児クラス副担任の)R先生に話を聞いていたようなんです。
　R先生の話だと、この(写真の)とき、Oちゃんは『まだ赤土を混ぜてないからカレーにならないの』って言いながら、サラサラだった泥水に赤土を取りに行って混ぜて、粘り気を出していたようなんです。
　私、Oちゃんのイメージ力に感心したんですよね。Oちゃんが、自分のイメージをしっかりもって、考えながら遊んでいるんだなって思いました。
　　　　　　　　　　　　　　　　　　　　　　　　(A主幹保育教諭)

「今日のいちまい」でアップした
Oちゃんの遊び写真

　私はこの話を聞いて、思ったことが2つあります。
　まず1つは、写真から生まれた語り合いを通して、思っている以上にOちゃんがイメージ豊かに遊んでいたことに、その場にいなかった保育者も気づけたということです。写真による語り合いが生まれるからこそ、保育者の子ども理解が進んでいくのだと思いました。
　もう1つは、写真があると語り合いの場がどんどんひろがっていくということです。今回は、Oちゃんの遊びを見ていたR先生と0・1・2歳児リーダーのK先生との間で語り合いが生まれました。さらには、0・1・2歳児リーダーのK先生と主幹保育教諭のA先生との間でも、同じ写真を通して語り合いが生まれていました。つまり、写真による語り合いは場を越えても生まれてくるし、こうやって保育者の語り合いはつながり、続いていくんだと思いました。

(2)「わたしのカンファレンス」の発表からの事例
同僚保育者の保育観に気づく

　先ほども書いたように、働き方改革のなかで、「わたカン」は定期的には実施していませんが、保育者の思いもあって復活させたこともあり、年に最低

でも1回程度はやっていきたいと考え、今は行事のあとなどに保育者が集まって発表し合い、語り合っています。

　ここで、2023年8月に行ったわたカンの発表を一つ紹介します。

2歳児クラスの副担任K先生による「わたしのカンファレンス」

【1枚目 写真スライド】

タイトルは、「まどにお絵かき」です。この日は、保育室のほうがエアコンで冷えていて、外のほうが湿気が多く、ガラスの外側に結露ができていました。この写真は、2歳児クラスのEちゃんが、ガラス扉に絵を描いている様子で、私も様子を見ていました。

※PowerPointに写真を入れ、スクリーンに投影しながら語ります。

【2枚目 写真スライド】

すると、今度はHくんも描き始めました。最初は私が抱っこしていたのですが、自分から降りていって。やりたかったようでした。「ガチャガチャ」と言いながら描いていたので、私が「Hくん、ガチャガチャ描いたの？」って聞いたら、「ライオンだよ」と答えてくれました。私は、「そっか！ ライオンのたてがみなんだ」と思ったんです。

【3枚目 写真スライド】

すると、今度はNちゃんが来たり、（もう1人の）Rちゃんが来たり、Aくんが来たり。Eちゃんからスタートした遊びがだんだんとひろがって、同じクラスのお友達がやっていって。お友達がやっていることに関心をもって、みんなで楽しんだ場面でした。

学びがひろがる園内研修　49

結露にお絵描きするって、園ではあまりやったことがなかったと思うんですけど、送迎の車のなかで結露でお絵描きしたり、おうちの窓でお絵描きした経験があったのかなって。園に行くまでの間、私も自分が子どもの頃に結構やっていたので、この子たちも自然にできたものを遊びに変えられるって素敵だなあと思いました。おうちでも、おうちの人とこんなことやって楽しんでいるのかなあって。思いを馳せるような温かい場面でした。

(2023年8月26日 発表時間約2分弱)

「わたカン」の発表に使用する写真は、遊びのプロセスがわかるように3枚を基本としています。用意するPowerPointのスライドも、文字等を入れたりする必要はなくて写真だけでよいので、準備もそんなに必要ありません。発表も長い説明をする必要はなくて、短くて構いません。

何より、保育者自身が子どもの姿で「いいね！」と思ったところを発表するので気負わなくていいし、「いいね！」を伝えたいので、発表者は楽しいのです。

さて、このとき、発表を聞いた1歳児担任のS先生がこの場面に興味をもち、K先生に質問をしました。

「これは、最初にK先生が結露に絵を描いてみたことから始まった遊びなんですか？」

この質問に、K先生は、「いやEちゃんが始めたんですよ。このとき、そこに私が入るのもどうかなと思って、あえて入らずにちょっと様子を見ていたんです。そして、子どもと同じ方向を見るだけにしようと思ったんです。声をかけたのは、Hくんに『これガチャガチャ描いたの？』だけで。そしたら、Hくんが描いたのがライオンだったんだって思って。それを聞いて、あまり子どもに影響させたくないというか…。この言葉がけ自体もよかったかはわからないですけど、保育者の言葉がけがないほうがひろがる場面もあるのかなあって思って。積極的、意図的にしないおもしろさみたいな、そんな感じでしたね」と答えました。

「わたカン」の発表が終わったあとは、こんな感じで保育者たちのフリートークです。形式や正解はなく、質問でも感想でもいいので、とにかくみんなで話します。

この日、同じように他の発表でも、発表を聞いた保育者からは、「あの場

面で、先生が止めずに見守ったのがよかったんでしょうね」や「先生、すごいところに気づきましたね」といった感想が出されました。さらに「次はどんなふうにしようって考えているの？」という次なる保育者の計画を尋ねる質問があったり、「何でその素材を用意したの？　私だったらこんなのもいいかなって思ったの」と、聞き手の保育者から新たなアイデアが出たりと、話題は多様でした。

「まどにお絵かき」の発表後に質問したS先生に、私は後日、なぜK先生に「これは、最初にK先生が結露に絵を描いてみたことから始まった遊びなんですか？」と質問したのかと聞いてみました。それに対するS先生の回答です。

「この発表を聞いて、まず率直に素敵なエピソードだなと思ったんです。でもそのあと、何で、そもそもこの結露にEちゃんが絵を描こうという発想になったのかな？　って、私、疑問に思ったんです。

何でかっていうと、K先生は子どもの遊びがひろがる環境づくりや声かけがとても上手だなあと、いつも思って見ていたから、きっとK先生が何かされたのかなと思って、質問したんです。

でも、K先生に質問すると、「Eちゃんが始めた」っていうのを聞いて、「2歳児ってやっぱり違うんだな。自分から遊びを生み出していけるんだな」って、そう思いました。

それに私は1歳児の担任なので、1歳児の子どもなら、まずこの遊びは自分からは始めないだろうなと思ったんです。だから、このエピソードを聞いたとき、私がこの場面にいたらきっと、「やってみない？」って声をかけただろうな、とも思ったんです。いつも私が1歳児とかかわるときって、よく「やってみない？」って誘うことが多かったので。でも、K先生のようなかかわりって、そういうのもありかなとも思いました」。

(S保育教諭／1歳児担任)

S先生は、普段から2歳児副担任のK先生の子どもたちとのかかわり方を見るなかで、K先生ならこうかかわるだろうという思い込みがありました。また1歳児の担任として、1歳児の子どもたちと普段どうかかわってきたかという枠からも、このエピソードをとらえていました。しかしこのとき、K先生の答えから、S先生は、自分の枠を超えた2歳児の発達や成長の度合いを知る

こともできたし、S先生の知らなかったK先生のかかわり方の幅の広さを知ることにもなりました。そしてそのことが、S先生自身の子どもとの新たなかかわり方に気づくきっかけにもなったようでした。

「わたカン」を事例に、写真を使った語り合いから生まれる保育者同士の思いやかかわりの「ずれ」について紹介しました。その「ずれ」は決してよくないことなのではなく、むしろ保育者にとって新たな気づきや学びを生むよいきっかけになっていると感じました。

6　写真記録の語り合いの意味を考える

写真による語り合いの実際を、2つの事例を通して紹介しました。「今日のいちまい」と「わたしのカンファレンス」の決定的な違いは、写真の数です。その枚数の違いから、保育者の写真を見る視点が違ってくることに気づきます。

「今日のいちまい」は、写真は1枚です。保護者へ向けたものとしての性格が強いですが、写真を見ると、事例のように保育者同士の語り合いが自然と生まれます。1枚なので、遊びの一連のプロセスまでは見えないからこそ、保育者は子どもの遊びへの想像をかき立てられていました。

一方、「わたしのカンファレンス」は3枚の写真ですから、子どもの遊びは文脈として伝えられます。事例にもあったように、保育者の関心は子どもの遊びにも向けられますが、さらに他の保育者の保育観や援助のあり方などへの気づきや、他の保育者への理解などにも及んでいました。

このことから、写真による語り合いで生まれる保育者の問いは一様ではなく、常にさまざまな角度から立ち上がってくることに改めて気づきます。また、そのさまざまな問いは、今日のいちまいやわたカンといった多様な語り合いの場があるからこそ、立ち上がってくるのではないかと思うのです。そのような意味でも、写真による語り合いの場というのは、多様であるほうがいいと考えています。

7 写真を使った語り合いの 新たな可能性「越境型研修」
違う園同士で実際の保育を見て協働的に研修をする取り組み

　今、本園では年に1回、2日間の日程で、他園の先生方と写真を使った語り合いをするという「越境型研修」を続けて行っています。午前中に保育を公開し、午後からは他園の先生方が撮った午前の保育で印象に残った場面の写真（外部への持ち出しは禁止）をもとに、本園の保育者と語り合いをします。

　具体的には、子どもの遊びの写真をともに囲み、本園の保育者と他園の先生方とで、子どもの内面や子どもにとってのその遊びの意味など互いに読み取ったことを付箋を貼っていきながら一つの用紙にまとめ、さらに語り合いを進めるというものです。

　そして2日目は、本園の保育者が作成したドキュメンテーションをもとに語り合いを行います。本園の保育者と他園の先生方が各テーブルに分かれ、本園の保育者がまずドキュメンテーションに描いた子どもの遊びのエピソードを紹介し、それをもとに他園の先生方が感じたことや読み取ったことを付箋に貼っていき、語り合いを進めていくというものです。

　これは、もともと年間を通して園内研修を依頼している外部講師の提案により始まったもので、実際の保育を行った本園の保育者とそれを見た他園の先生方が、園を越えてともに語り合うということから「越境型研修」と呼んでいます。

　この話を聞くと、よくある公開保育研究会のようなものと何が違うの？と思われる方もいるかもしれません。しかし、公開保育研究会というよりも、園内研修を他園の先生とともにやっているという感覚のほうが近いかもしれません。なぜなら、「他園」といっても何年も同じ他園の先生方と行っているので、互いに顔を知っていて、ともに語り合う仲間といった感覚が芽生えていることも理由にあるかもしれません。そんな関係性ですから、語り合いの場は、どちらかがどちらかを評するというのではなく、まるで協働的に保育を思案しているような感じです。

　園環境も保育環境も違うけれども、ともに語り合うなかで、まるで協働しているようなこの越境型研修の形は、今後の大きな可能性をもっているのではないかと思っています。精錬化していくにはまだまだ課題はありますが、

学びがひろがる園内研修　53

実際に協働して作成した写真記録

この取り組みの成果を信じ、これからも進めていこうと思っています。

8 写真を使った語り合いから見えてきたこと

　これまで、写真を使った語り合いの実際を2つの事例を通して紹介してきました。ここで、改めて写真を使った語り合いから見えてくるものを私なりに整理するとすれば、次のようなことが言えると考えます。

❶保育者同士が語り合い、楽しみ合うことで、保育者集団として良好な関係性を育むことができる。
❷保育者集団として、子どもを肯定的に理解することにつながっている。
❸保育者同士が互いの子ども観や保育観を知ることで、保育者集団として学び合うことができる。

54

他にもまだたくさんのことがいえるかもしれませんが、大きく分けると、この3つだと思っています。ここに整理したことで大事なキーワードが浮かび上がってきました。

　それは、「保育者集団」という言葉です。保育はチームで行うものだからこそ、保育者集団としてどう育つかが大事になってきます。しかし、通常、保育をしているときに、全員が同じ場面を見つめることは不可能です。だからこそ、写真を使った語り合いは、その場面に居合わせなかった保育者も、写真があるからこそ、その場面を語れるというよさをもっていると感じています。

　写真を使った語り合いの形式は何であれ、保育者同士が「写真を使って語り合う」ということ自体に意義があると感じています。ふたばこども園の保育者たちが、保育者集団としてともに育ち、前に進んでいくためにも、写真を使った語り合いはこれからも続けていこうと思っています。

保育者は同僚に向けて生き生きと語る

保育者の伝えたい思いや感性が写真にのる

聞いている保育者からも笑顔があふれる

事例4 城崎こども園（兵庫県豊岡市）

ICTを活用した学び

　城崎こども園の研修の特徴は「外部講師等の外部資源とICTの活用」にあります。近年、保育の質の向上を掲げ、外部の専門家と園内研修を作り上げていく園も多いですが、「教える―習う」という関係性になってしまい、保育者が受け身になってしまうケースも見聞きします。ここでのポイントは、外部講師も伴走者としてかかわり、園も資源として活用して自分たちで考えていくことです。また、自治体の集合研修や外部園の見学など、資源を活かして自分たちで実際に見て考えたことです。その取り組みでICTも活用していきます。子どもの姿の情報共有ツールとして活用し始めましたが、そのことが自分たちの保育の可視化や保育の根拠を示す相乗効果になっています。ツールを使い語ることで公開保育にもつながっていきます。自分たちの保育を問い直し、考える機会になっています。

1 城崎こども園について

　城崎こども園（以下「本園」）は、兵庫県豊岡市の城崎温泉という観光地にあります。観光客などの人の出入りは多いですが、人口が年々急速に減少している過疎地域です。本園は70年前に保育園として設立され、同地域にあった公立幼稚園と合併し保育園から認定こども園に移行しました。それとともに行った職員体制や職員の評価方法、保育内容や記録方法の再検討のなかで、外部講師の指導を仰ぐ必要を感じ、園内研修の講師をお願いして月1回の園内研修を行うこととなりました。

　今までも集合研修に職員が参加したり、年1回など単発で講師を招き、園内研修を行ったりしてきました。しかし、研修の内容が受けた個人レベルにとどまってしまう

ことが多く、また、研修内容と自園の現状との違いを埋められないこともあり、園全体の保育に波及することはまれです。今後、保育の質をより一層高めていくためには、一般的な内容だけでなく自園に焦点を絞り、カスタマイズした継続的な研修が必要であると感じていました。

ここでは、それに至る過程で行ってきた外部講師やICTを活用した園内研修と、公開保育における取り組みのなかで起きてきた「ずれ」について紹介します。

ICTを活用した外部講師による研修の様子

2 外部講師を活用した園内研修

本園では、認定こども園へ移行後、それまで行ってきた一斉保育を基盤とした生活スタイル（朝の会や帰りの会をする等）や音体指導・絵画指導も続けながら、コーナー遊びを進めていくといった保育を中心としていました。認定こども園に移行後から園児数も増え、新卒並びに他園を経験した職員も加ったことで、さまざまな保育観も行き来し、これからの園としての保育の方向性を探り合う時期が続きました。

(1)「当たり前」を問いかけられて

そんななかで2017年度から始まった外部講師の先生との園内研修では、自分たちの保育の当たり前を問いかけられました。

園内研修講師「朝の会や帰りの会って必要ですか？　振り返りの会を給食前に入れるのはどうですか？」
私たち「えっ、朝や帰りの会っていらないの？　給食前に何を話したらいいの？」
園内研修講師「全員が同じ部屋で遊ぶ意味は？」
私たち「えっ!?　クラスごとに遊ぶんじゃなくて、どこでも遊べるようにどうしたらいいの!?」

園内研修講師「そもそもこの年齢の保育室はここがよいと思いますか？」
「園が狭いってみんな言うけれど、共有スペースがいっぱい空いてるから使ってみるのはどう？」
私たち「確かに3歳児の部屋は2階より1階がいいかも。代わりに、5歳児が2階はどうかな…」
私たち「でも、共有スペースって、どうやって使っていったらいいの？」

　次々と提案される内容の一つひとつが、その当時の私たちにはまるで知らない言語で語りかけられているかのよう。意味や必要性が理解できず、大きな衝撃を受けました。何からどう見直していくのか…毎月の園内研修のたびに皆でモヤモヤ悩み続けました。

（2）子ども一人ひとりに注目して保育を語り合う

　そんな状況ではありましたが、毎月、園内研修講師に紹介していただく他園の取り組みや写真や動画を用いた記録方法、子どもの姿の読み取りを参考に、1か月に1～2個のエピソード記録やドキュメンテーション記録作成などに試行錯誤しながら、少しずつ取り組んでいきました。それまでは全体（一斉保育）を通した記録を主としてきたので、子ども一人ひとりに注目することや子どもの動きや言葉、場やモノ、ヒトへのかかわりを文字化し、そこからさらに読み取っていくことは、これまた"難しい！　本当にこれでよくなるのか？"の連続。しかし、回数を重ねていくなかで、"子どもたちは楽しいことやおもしろいことを自分で見つけていっているんだ"ということに気づかされ、問いかけられることにより、一人ひとりの興味・関心の方向性や育ち等を引き続き見ていきたいという思いが少しずつ芽生えていきました。

　そして問いかけられたことをもとに、自分たちでできることを模索しました。その1つとして、毎週1回各クラスの担当が1名ずつ集まって翌週の保育の見通しや子どもたちの様子、エピソードを伝え合ったり、環境等について話し合ったりする週案会議をスタートしました。つまり、保育について語り合う時間

週案会議

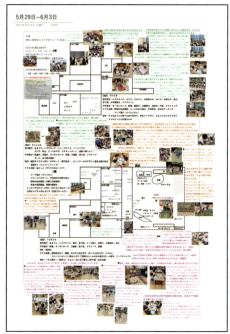
環境マップの写真

を確保したのです。今度はその語りをもとにして、園全体で子ども一人ひとりが、自分の好きな場所でやりたいことを存分に楽しめるようにと、環境づくりを目指した環境図（毎週1枚作成）の入力も主幹保育教諭を中心として始めてみました。

（3）子ども主体の保育をしている園を見学する

　ただ、今までの保育スタイルを園全体で見直そうという大きな一歩を踏み出すことには躊躇する日々。

　そんなときに、市で行われた研修会に、リーダー層を主として多くの職員が参加しました。その後、職員同士でこのようなやりとりが交わされました。

　「研修会に参加したら、同じ市内で子ども主体の保育をしている園があったんです！」

　「そうそう！　しかも、その園の先生たちが自信をもって自分の園の保育を語ることができていて」

　「ぜひ、その園に学びに行かせていただきたいです！」

と、その園に見学に行かせていただき、園同士で互いの取り組みを伝え、学び合う研修会へとつながりました。

　また、園内研修講師の紹介で他県の園にも行かせていただいたことで、さらにまた多くの刺激を受け、そのなかで自分たちの園に置き換えて考え、3歳以上児の14時以降の生活スタイルの見直しにも結びつきました。

　私たちにとって、同じ市内や他県であっても、子ども中心の保育に取り組む園を目の当たりにしたことで、「自分たちでもできるかもしれない」という大きな勇気や転機になり、具体的なイメージが湧き、実感に変化していったのだと思います。

（4）ICTを活用して保育を見直す

　そして、保育を語り合う場が定着していったことや、園では子育て世代の職員も多く、いろいろな働き方があり各々の時間で入力できたり、地域柄どの園内研修講師に頼んだとしても遠方になるという事情もあり、ICTで記録や写真、動画で子どもの姿が共有できるように園長を中心に整備していきました。そのように整備されたことで、保育スタイルが大きく見直され、朝の会や帰りの会もなくなり、登園して身支度が済んだら好きな遊びに朝から全

学びがひろがる園内研修　59

力で向かう子どもたちの姿が見られるようになりました。園内の環境を再考し、使い方をアップデートしていくなかで、子どもたち、そして保育者がクラスを超えてかかわるようになってきました。

　そのように進んでいくなかで、さらにICTを活かした記録にも変化が生まれてきました。ここ2〜3年では同じ1つの遊びの場面でも、見ている保育者の感じ方や読み取り方が違うことを保育者自身がおもしろがり、それぞれの見方でエピソードを記録するといったことも生まれています。たまたま同じ場所で同じような時間帯に、その場に偶然それぞれの興味・関心で集まってきた子どもたちの様子を、それぞれの保育者の視点で書き起こしたものを園内研修という場で検討していくようになりました。

2022年度のエピソード：5歳児「ゲンゴロウ見つけた！」（5月12日）

❶自分たちで考えたことを園内研修講師の視点も聞きながら、多数の保育者で再度見合い、語り合っていく。
❷そのなかで世界がひろがり、多様な考えの違いに出会う
❸その子どもの姿を中心に、各々そのとき感じたことを重ねていくなかで起きる「ずれ」さえもおもしろくとらえ、互いを認め合いながらも、また次へと進む
❹ますます保育の奥深さを実感していく研修になってきています。

　園には、いろいろな場所や人がいて、それらがかかわり合って、素敵なこと、おもしろいこと、ワクワクすることが起きる場所です。でも、日常を過ごしていると、なかなかそうは思えないことも多く以前の私たちがまさにそうでした。しかし、園内研修講師のたくさんの問いかけにより、ん!?　と思うような謎や不思議なことに出会って向き合ってみたら、"わあ！"と感動したりするサイクルが生まれ、おもしろさにたくさん出会えるようになりました。

園内研修を始めた頃は、理解が追いつかず、とにかくわからないことの連続でした。理解し、学ばなければという視点でしたが、他園の取り組みと出会い、園内研修での学びを自分たちならどう取り組んでいけるか、ひとまずはやってみよう！　とポジティブに考えていけるようになり、子どもとのずれをおもしろさとしてとらえる職員集団になりました。これからも、子どもも職員もともに成長していきたいと考えています。

　そして、これらの取り組みのなかで、実際に子どもの様子に変化が見えてき始めた頃、今度は他園を見るではなく、自園の取り組みを見て学んでいくという公開保育を、講師の勧めもあって取り組むことになりました。次は公開保育をもとにした研修について紹介します。

3　公開保育をもとにした研修について

（1）オンラインでの公開保育をスタート

　本園では、2020年からオンラインの公開保育を開始しました。対面での開催では受け入れることができない多くの方の参加が見込め、園自体が遠方であることもあり、オンラインの公開保育だからこそ開催が実現できました。オンラインやICTとしていたことで、コロナ禍においても、他園の先生たちと情報や意見交換ができたことは、とても新鮮で学びの多いものとなりました。今までは他園の取り組みを見て、できることを取り入れてきましたが、今度は反対に見せる側になり、学びを深めたい時期でした。

　しかし、初めてオンラインで公開保育を行うと決まったときは、どうやって保育を見てもらうのか、限られた情報のなかでどのように伝えればよいのかわからないことが多くありました。本園にとっての公開保育は、「できているものを見せる」といういわゆる保育の発表会ではなく、園内研修の延長戦のようにして、そのときの話題になっているテーマを設定し、現状とそれに至る過程、試行錯誤について保育者が言語化し、参加者も一緒に考えていく、子どものことを皆で考え合う場とすることを目的としました。

（2）参加者に意図が伝わるための工夫

　本園の公開保育は、園の職員は、園内研修で検討したことを園内研修講師を中心に語り合い、外部の参加者は俯瞰的にとらえた視点から語り、さらに

学びがひろがる園内研修　　61

園内研修講師とは違う視点として語りを整理する役割の講師とともに行う形でスタートしました。従来の公開保育との違いなど、こちらの意図することが参加者に正確に伝わるような情報提供や説明方法も検討しました。

　一方で、特別な発表としての公開保育ではないためには、準備ができるだけ少なくなるような方法も検討しました。その結果、その日の活動を見せるだけでなく、毎月の園内研修での講師や職員同士のやりとりに参加者が加わる形をとるようにしました。

　公開保育で取り上げるエピソードは、園内研修や週1回の週案会議などで話題となったものが中心ですが、最初は「話しやすいもの」「わかりやすいもの」を選びがちでした。しかし、公開保育を重ねるにつれて、担当者が「おもしろさ」を感じたものに変わっていきました。その「おもしろさ」を打ち合わせで話すのですが、同じエピソードでも職員によって視点が異なることが明確になり、「そういうおもしろさもあるのか」と、前述で語られているずれのおもしろさや視野のひろがりが見られてきました。

　それから4年が経ち、現在も年3回のオンラインでの公開保育（現地参加も可能）は続いています。

（3）子どもの育ちの共有が充実

　園内研修と公開保育を組み合わせて、回数を重ねていくことで、毎回子どもの行動を伝えることの難しさを感じながらも、その方法、そして職員の伝えるようとする力の向上を感じています。最初は伝えたいことを整理して話せず、あとになって「こういうふうに話せばよかった」と内省することもしばしばありました。公開保育が終わってから、参加した職員も「途中から、自分でも何を言っているのかわかりませんでした」「思っていたことが全然話せませんでした」と悔やむ声も聞かれました。

　ですが、うまく話せなくても大丈夫！　日頃の様子を知ってもらうことこそが大事だと思うようになり、回数を重ねていくうちに、参加していただいている方にわかりやすく伝えることを意識するようになってきました。それは記録においても同じで、誰から見ても、子どもの姿や環境がわかるようにするにはどうしたらよいかと意識するようになりました。意識が変わったことで、より具体的なところまで踏み込んで見ようとするようにもなりました。子どもの思いや環境、保育者の意図を言語化する難しさに直面しながらも、

考えたり悩んだりと試行錯誤を繰り返していくことが、保育者としての専門性を高めていくことにつながっているのだと感じています。これは、もちろん園内研修での成果ともいえますが、外部の方に向けて自分たちのやっていることを伝えたいと、言語化や可視化のスキルが向上したという点もあります。しかしそれだけでなく、職員間でも子どもの育ちの共有が充実してきたことが影響しているともいえます。共有や記録が充実してくると、ますます子どもの姿を話すことが楽しくなる。楽しめるようになると、やる気や自信にもつながっていきます。そして何より、職員間の意識や視点の「ずれ」を視野のひろがりととらえ、それら全部を含めて園として進むべき方向性を揃えることができるようになってきたように思います。

　これからの課題は、今までは問いかけた投げかけや視点の提示など、講師に頼っていたエピソードの掘り下げや新たな視点からのアプローチを、園職員同士で行うことできるようになることです。それには、園内研修のあり方や語り合いの制度、見方の解像度を上げていくことが求められます。難しいことですが、まだまだ挑戦していきます。

4　まとめ

　以上のように、保育内容の刷新とともに進めてきた園内研修と公開保育ですが、本園にとってこの2つは別々にあるのではなく、往還的に行うことで初めて有効なものになっていると考えています。園内研修において外部の専門家の指導を仰ぎ、新しい情報やツール等、教えられる―習うの徒弟スタイルではなく、問いかけられたことをもとにして、まず「やってみる」こと、それが「今までの保育」という固定概念を破り、保育者自身も成長につながっています。

　そして、公開保育に向けて自分の保育を言語化することで、職員同士の「ずれ」を意識し、そのことがおもしろさにつながりながら園全体として進む方向を揃え、それらを参加者と共有することを通して、一人ひとりがスペシャルな保育者でなくても、補い合うことで、本園の保育者が集合知として真のプロフェッショナルになれると思っています。これでいいととどまるのではなく、今後もこうしてみたいということにチャレンジしていきたいと思います。

事例5　野中こども園（静岡県富士宮市）

日常の記録から保育を深める
多様な階層の研修を通して

　野中こども園の研修の特徴は、園内研修のなかに全員で行う研修や外部の研修のほかに、階層別の研修を行っていることです。園内で各々の特徴を活かしながら皆で園全体の保育の質向上を目指しています。また研修を学びの時間と認識し、保育について話す・語ることや日常的に記録している日誌などをもとにして行っている点も特徴的です。日常業務のなかに埋もれてしまいがちな暗黙知を学びとして皆でもう一度考えていく機会を作ることを目指し、日々の営みである対話的な視点と、研修としてのフォーマル・インフォーマルな視点とを組み合わせながら、さまざまな問いを投げかけて、いろいろな考えを醸成し合っています。

1　野中こども園について

　野中こども園（以下「本園」）では、子どもたちの発見や発想、興味や関心を起点とした遊びを通じた学びを保障するために、保育者の主体性・創造性も重視しています。役職・経験年数・職種の垣根を越えた学び合いの基盤づくりとして、語り合いを充実させることを目的にした研修体系の構築に努めています。

2　野中こども園の研修体系

（1）野中こども園の研修体系
外部研修……キャリアアップ研修、オンデマンド研修、その他
園内研修……階層別研修、デイリー・プチ・カンファレンス、メンター・セッション、実務研修
※部会（クラス・学年単位のミーティング）も、広義の研修と位置づけている。

　本園では、学びの機会を日常のルーチンに埋め込むことで、職員の職能成長を図ろうとしています。

(2) 各々の研修の位置づけ

　外部研修や実務研修、階層別研修は、フォーマルな研修と位置づけています。実践に直結する知見の獲得、新しい研究成果等に触れる場として、職員にとっても「学びの時間」と認識しています。

　一方で、記録・計画の作成や、そのためのクラス部会もカンファレンスとして機能していて、特に経験の浅い職員にとっては重要な学びの場となっています。職員相互の関係づくりの場として取り組んでいるメンター・セッションも含め、インフォーマルな研修と位置づけています。

表2-2 野中こども園の研修概要および分類

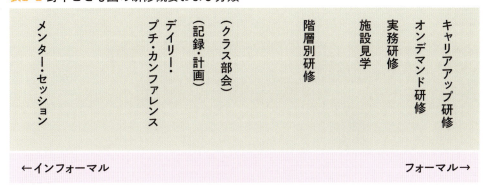

| キャリアアップ研修 | オンデマンド研修 | 実務研修 | 施設見学 | 階層別研修 | （クラス部会）（記録・計画） | デイリー・プチ・カンファレンス | メンター・セッション |

←インフォーマル　　　　　　　　　　　　　　　　フォーマル→

(3) さまざまな研修と研修のようなもの

階層別研修

　経験年数・役職・勤務形態等でグループを分け、それぞれに求められる知識・技術の習得を目指して、レクチャー＆ワーク形式の研修を継続的に行っています。研修企画と講師は、主に園長・副園長が担います。

表2-3 階層別研修の概要

グループ	I	II〜IV	リーダー	パートI・II
主なメンバー	初任者	I以外の常勤保育教諭	主幹保育教諭・副主幹保育教諭	短時間勤務の職員
共通する内容	子どもの人権擁護、パワーハラスメント防止、カスタマーハラスメント対応			
グループごとの主な内容	●保育記録の基礎 ●写真記録の基礎	●写真記録の応用 ●ファシリテーションの基礎	●ファシリテーションの応用 ●業務の見直し・再構築	●業務の見直し・再構築 ●多様な働き方を支える職場づくり

学びがひろがる園内研修

クラス部会、計画・記録

　クラス部会は2週間に一度開催しています。進行役は主に主幹保育教諭が担い、2週間単位のマップ型週日案を作成。実際の子どもの姿と環境やかかわりを見直した点について追記していきます。

　日々の記録作成と計画の修正をルーチンとすることで、子ども理解のスキル、振り返りの質の向上を目指しています。

 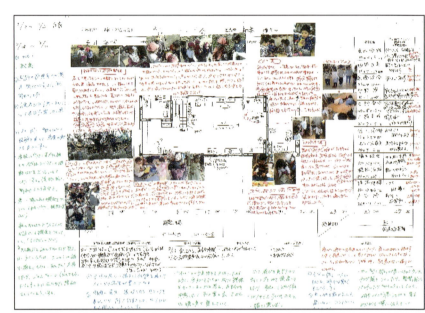

日々作成する写真記録と2週間単位のマップ型週日案との連動の一例

デイリー・プチ・カンファレンス

　毎日、保育記録を作成する途中に、担当者とリーダー層（主に主幹）が短時間のカンファレンスを行っています。担当者は取り上げるエピソードの概要を簡潔に報告し、主幹等は環境構成やかかわりの見直しにつながる気づきを引き出す問いかけを行います。

メンター・セッション

　経験年数・年齢・職種・役職・雇用形態・担当クラスなどを、できるだけバラバラにした5人程度のグループを形成し、1〜2か月に一度程度、就業時間中に1時間開催しています。テーマは不問で、企画の申請や事後報告を園長・副園長にする必要もありません。

参考文献：堀公俊『チーム・ファシリテーション』朝日新聞出版、2010年
中野民夫・堀公俊『対話する力』日本経済新聞出版社、2009年

　日常の業務では親しくなる機会がもちにくいメンバーをグループにして、遊びや雑談を通じた関係構築の機会を保障する取り組みです。

（4）研修において工夫したこと

豊かな研修を実現する時間を捻出するための工夫……短時間勤務職員・パート職員にも極力参加してもらうために、10時〜15時の間に研修・会議を設定します。代替者が必要となるため、研修の見直しと並行して職員数を増やしています。

重複作業の見直しとICTの活用……同じ内容を転記することの多い書類は一つにまとめたり、ICTを活用した共有などを図り、短時間で効率的な研修・会議を心がけています。

3　階層別研修の実際

（1）保育記録をもとに振り返る研修

目的：自分の記録をもとに振り返ったり、多様な見方・考え方に気づく

研修の流れ
❶ペアワーク……❶エピソードを4W1Hで整理する
　　　　　　　　❷自らが保育者としてそこにどうかかわったか、何を願っていたか
　　　　　　　　❸それは子どもの姿から何を読み取ったからかという観点で相互に問いかけ、記載する

学びがひろがる園内研修　67

❷振り返り……内容を振り返り、今の自分ならばどのように写真記録を作成するか構想する

❸リライト……実際に写真記録を再構成してリライトする

❹シェア……リライト後の写真記録をシェアし、最初に記録を作成した時点と研修で再度振り返った時点で、子どもの姿の読み取りや、それをもとにした自身のかかわり・環境の構成などについて変化が生じた点についてディスカッションする。

(福) 柿ノ木会　野中こども園　　　　　　　　　　　　　　　　　　　園内研修用ワークシート

エピソードへの再訪のためのワークシート (Ver.2)

1. エピソードにタイトルを付けましょう【保育者が感じている面白さ】

タイトル
そのタイトルを付けた理由

2. エピソードを4W1Hで整理しましょう【客観的な事実】

When　いつ（おおよその時間帯）	How　主人公はどうしたのか（具体的な経緯・目に見えた事実・実際に発せられた言葉） ※箇条書きや、キーワードのメモだけでも構いません。
Where　どこで（だいたいの場所）	
Who　だれが（ストーリーの主人公）	
※だれと（他に関わった人がいれば）	
What　なにを（対象になったものやできごと）	

3. そこにあなたはどう関わりましたか（具体的な関わり・言葉かけ・道具の提供・場の構成ほか）【応答】

※箇条書きや、キーワードのメモだけでも構いません。

エピソードへの再訪のためのワークシート（抜粋）

（2）研修を行ってみると…

　保育者は事実と読み取りを峻別していないと気づきました。「気づき→とらえ→応答」は実践の最中において無意識に認識されているようでした。そこで研修では、記録を「客観的事実と保育者の読み取りを明確に分けて書く」として、保育の実際のなかで感じていることと、自分自身を俯瞰的にとらえてみることにチャレンジし、S（エピソードを俯瞰）→P（保育者がどうかかわったか）→A（それは何を願ったからか）→O（それは何を読み取ったからか）という順番で語り合うことを行いました。

　この研修の特徴は、普段の業務（保育日誌、記録）をもとにして研修にしている点、保育記録として自分でそのとき思ったことをもう一度少し立ってから

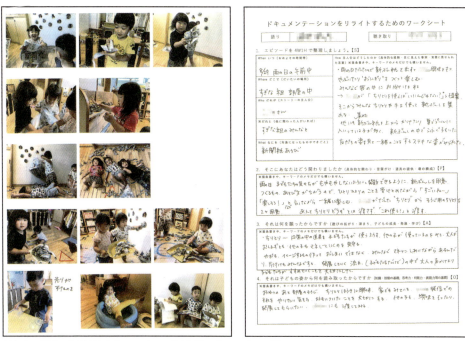

保育中に撮影した写真をもとにエピソードを再訪したワークの一例

俯瞰的にとらえようとし自分の考えをもう一度整理している点です。さらにそれを他者と対話を通して行うことにより、自分と違う見方・考え方という他者から見た視点が生まれると同時に、評価的な視点ではなく、保育の方向性やお互いの保育感の醸成につながっているといえます。どのような年齢階層でも、一人ひとりの保育者が各々の力を発揮し、皆で保育の方向性を対話ベースで醸成していく方法を模索しています。

4 おわりに

本園の研修は、近年の保育の質の向上と、働き方改革を含めた研修・対話の時間の確保の問題、研修の方法・時間・内容について、さまざまな角度から考えてきました。保育は皆で方向性をつくっていき、持続可能な形で行っていくものだととらえています。

いろいろと内容・形・方法を変更していきながらも、大事にしていきたいものをこれからも皆で確認しつつ、一人ひとり子どもも大人もそれぞれが自分の思いを発揮できるような学びの形を模索していきたいです。これでよいではなく、これがよいを今後も追求していきたいです。

学びがひろがる園内研修　69

事例6　順正寺こども園（広島県広島市）

とことん語り合う園内研修

　順正寺こども園の事例からは、「ずれ」と「語り合い」のもつ意味が伝わってきます。正解を設定した研修では、職員が自由に語れなくなってしまいました。これは多くの園で陥りやすいことではないでしょうか。この園のすばらしいところは、その陥っている状況に気づき、それを修正しようとした点です。
　職員の同僚性や、日頃から語り合える園内風土を大事にしようと、子ども理解のための「協働型」の研修に形を変え、そのなかで、子どものことをとことん語ることで、職員が語ることのおもしろさを感じ、当事者として研修に取り組むようになった事例です。

1　順正寺こども園について

　順正寺こども園（以下「本園」）は、広島市の平和公園から南へ2kmほどのところにある幼保連携型の認定こども園です。1954年に開園し、1955年に認可されました。2017年に幼保連携型認定こども園に移行しています。現在の定員は1号認定15名・2号認定35名・3号認定45名の合計95名です。

　現在の職員は正規職員25名、育休の代替職員1名、フルタイムのパート1名です。3名は育休中です。内訳は、保育教諭21名、栄養士（給食職員）4名・調理員1名と園長です。

　園名のとおり、お寺を母体として設立された園です。保育理念に「出遇いを喜び　共に育ち合う」―仏教を軸とし、この園で出遇えた人に笑顔があふれ、子どもを中心に共に育ち合える保育を行う―を掲げ保育を行っています。

2 職員の学びに関する
基本的な考え方とそこに至る経緯

（1）園内研修の改革へ

　本園の園内研修のねらいは「子ども理解」です。このねらいを達成するために、職員一人ひとりが同じ立場で声を出せる環境をつくり、「語り合う」ことを中心とした園内研修を行っています。

　しかし、この「語り合う」ことを中心とした園内研修に至るまでには、大きな失敗もありました。そして、園内研修を運営してきたリーダー（園長、主幹保育教諭・指導保育教諭・副主幹保育教諭などミドルリーダーを含む。以下、総称して「リーダー」とする）の考え方も大きく変化してきました。現在の「語り合う」園内研修が実現するに至った経緯を紹介します。

　まずその始まりは、今から10年以上遡ります。当時、2008年の保育所保育指針の改定を受け、園内研修の重要性が叫ばれていました。本園でも園内研修を充実させ、保育の質を高めていこうと取り組みを始めました。その頃行っていた園内研修は、情報を共有するということに主眼が置かれ、リーダーや経験年数の多い職員が、クラスの様子や行事の流れなどを報告するといった「伝達型」の会議でした。そのため、経験の浅い職員はメモを取りながらうなずくのみで、今の「語り合う」園内研修とは対極にあるといってもいいような重い空気の会議でした。

　どうにかこの空気を変えたいと、席の配置をロの字から島型へ、そして、経験年数の近い職員で小グループを作り、茶菓子を食べながらリラックスした雰囲気で話せるよう試みました。すると、これまで会議のなかではほとんど話すことがなかった職員も、少しずつ発言するようになっていきました。そして、話すテーマもクラスの様子を漠然と話すのではなく、「子どもへのかかわり方」「保護者対応」といった具体的なテーマを設けて話すようにしたことで、重苦しい研修から脱却したような印象を得ていました。

　リーダーは、その後もさまざまな研修の手法を試してきました。それに伴い、職員の発言は増していったのですが、研修を重ねるたびに、リーダーと職員との見方や考え方に「ずれ」があることに気づき、それを解消するための園内研修に取り組むことにしました。

　つまり、職員の見方や考え方を変えるために、職員の意識改革を目的とし

た「課題設定型」の園内研修を行うことにしたのです。具体的には、リーダーが課題だと考える保育の場面をビデオで撮影し、その映像を見ながら議論しました。いかにもみんなで考え、ゴール（答え）にたどり着いたかのような進め方なのですが、実はゴールは最初から決まっており、そのゴールに向けてリーダーが話を誘導し、結論づけるといった対話しているふうの研修でした。当然ですが、職員は「正解は何だろう」「どんな発言をするといいのだろう」と進行役であるリーダーの顔色を伺いながら、リーダーが求める答えを探すようになっていきました。

　当時を振り返ると、職員にとってこのような研修は、リーダーの考えを押しつけられ、自らの存在を否定されるような、つらい研修だったと思います。実際にその頃の園の雰囲気はあまりよいものではなく、本園の「出遇いを喜び　共に育ち合う」という理念とは全く逆の方向へと向かってしまいました。今思うと、職員の主体性を無視した研修でしたが、当時はよかれと思い確信をもって取り組んでいたため、まさかこのような状況に陥るとは思いもしませんでした。

（2）同僚性の構築へ

　職員間に大きな溝が生まれ、険悪な雰囲気が漂う状況を救ってくれたのは、地域の連盟で開催された「園内研修コーディネーター養成講座」という往還型の外部研修でした。藁にもすがる思いで受講したのですが、そこで、私たちの行ってきた園内研修、そして考え方そのものが、根本から間違っていたことに気づかされたのです。

　その研修では、保育の質を高めていくためには「子ども理解」が基本だが、その土台には、職員の良好な関係性（同僚性）と、日頃から語り合える園内風土が必要であるということを学びました。リーダーは、自らの経験に基づいた見方や考え方が正しいと錯覚し、職員の見方や考え方はどこか未熟で間違っていると決めつけて、「こうあるべき」「こうせねば」と職員の意識改革を目的とした傲慢な園内研修を行っていました。無論、うまくいかない状況を職員のせいにしていては、同僚性など生まれるはずがありません。

　「共に育ち合う」という理念を掲げながら、そこにはほど遠い私たちの姿がありました。私たちのなかにはどこかで、リーダーが上で職員が下という思いがあったのだと思います。職員を私たちと同じ一人の人として尊重し、大

図2-1 研修内容の変遷

第1段階

伝達型
- 目的は、クラスの様子や行事についての情報共有
- 発言者は、経験豊富な一部の職員。重苦しい雰囲気で意見交換はほとんどなし

第2段階

課題設定型
- 目的は、職員の意識改革
- テーマを決めて、小グループで意見交換。リーダーが結論づけて終えるので、正解探しをせざるを得ない
- リーダーと職員間に大きな溝

第3段階

協働型
- 目的は、「子ども理解」
- 経験年数や立場にかかわらず、ざっくばらんに楽しく語り合う。リーダーはファシリテーターとして発言を促進
- 同僚性の構築

切にしていくという姿勢が欠けていたのだと思います。当然ですが、このようななかでは職員は主体性を発揮することができません。また、こうした主体性が発揮できない職員のなかで子どもたちに主体性が育まれるはずもありません。私たちは、子どもも職員も主体性を発揮し、自分らしく、ともに育っていけるよう、今までのやり方を大きく変えていかなければいけないと考えました。

　こうして、この受講を境にして「課題設定型」の園内研修から、同僚性の構築を重視した「協働型」の園内研修へと大きく舵を切っていきました。

3　紆余曲折を経て生まれた園内研修

　紆余曲折を経て生まれた当園の園内研修（名称は「カンファレンス」）は、次のとおり運営しています。

❶開催日時

　月1回、第1金曜日の18時30分から20時30分まで

❷目的（大切にしていること）

　目的は、「子ども理解」です。子どもを理解していくためには、多様な見方や考え方が必要です。そのためには、経験年数や立場にかかわらず、ざっくばらんに楽しく語り合えることが大切です。ですので、約束事として「発言する人を見る」「あいづちを打ちながら聞く」「相手の意見を否定しない」と

学びがひろがる園内研修　73

いった初歩的なことも大事にしています。特に、園長や主幹保育教諭といった私たちリーダーは、職員が安心して発言しやすい雰囲気をつくることを心がけています。

❸参加者

　基本的には、非常勤職員も含め、全職員が参加しています。以前は、栄養士や調理員は同じ時間に別の場所で、別の内容の会議をしていました。しかし、給食室の職員も、立場は違えども保育教諭と同様に子どもとかかわる保育者です。「子ども理解」には、欠かせない存在です。現在は、保育教諭とともに語り合っています。

　また、希望があれば他園の職員の参加も積極的に受け入れています。年に4回程度は他園の職員がカンファレンスに参加しています。

❹内容（基本的なスタイル）

　子どもの姿など、その日のテーマについてグループで語り合うのが基本的なスタイルです。

　語り合うテーマは「子ども」についてです。保育中の子どもの写真や動画を用いて、「このとき、子どもはどう感じていたのか？」「何をしたいと願っていたのか」など、正解のないテーマについて、それぞれが子どもに思いを巡らせながら、楽しく、語り合いを進めていきます。

　グループは、より多様な視点での語り合いができること、園内の多くの人と語り合う機会がもてることを大切にし、5人程度を1グループとして編成し

図2-2 職員にもたらした思考の変化

職員関係が良好に！ ▶ 語り合いが充実 ▶ 多様な意見を受け入れおもしろがれるように！ ▶ 固定的だった考え方を柔軟にしていった ▶ 柔軟な考えは、保育への考え方（子どもの見方）を変えていった

ています。具体的な編成方法ですが、あらかじめ決めておくこともあります
し、若手・中堅・ベテランといった階層でくじ引きをするなど少しゲーム性
をもたせて決めることもあります。

❺同僚性を高める工夫

　同僚性を高める工夫として、カンファレンスの最後に「メッセージ交換」
をしています。これは、同じグループで語り合った職員に、語り合うなかで
印象に残った発言や素敵だと感じた考え方などを付箋に書いて渡し合うとい
うものです。互いのよさを知り、認め合える関係性を構築していきたいとい
う思いから始めました。メッセージが書かれた付箋は、それぞれ自分のノー
トに貼っておき、気持ちが落ち込んだときや、自分のよさを見失いそうにな
ったときに読み返すことで、勇気づけられ、前向きな気持ちになるきっかけ
になっています。

4 とことん子どものことを語る

（1）職員の姿から子どもの姿へ

　本園で行っているカンファレンスでは、「語り合う」ということを大切にし
ています。まず一番大切にしているのは「子どものことを語り合う」という
ことです。保育の質の向上には、子ども理解が大切だということを学び、職
員の子どもへのかかわり方を議論するスタイルから、子どもの姿から心情
（心の動き）を読み取り、その子の育ちや学びのプロセスをみんなで語り合うス
タイルへと変えていきました。「このとき、Aちゃんは何を感じたのだろう」
「どんな願いをもっているのだろう」と子どもの姿に思いを馳せ、とことん語
っていくことを始めました。これまで正解探しをせざるを得なかった職員が、
ワクワクしながら語れるようになったのは、あらかじめ決められたゴール
（答え）がなくなり、その子ども自身にしかわからない未知なる答えを探究す
ることができるようになったからではないでしょうか。正解も不正解もない
からこそ、夢中で語り合えるのだと思います。

（2）「ずれ」があるからおもしろい

　語り合うなかで、職員関係は少しずつ良好になっていきました。すると、

学びがひろがる園内研修　75

語り合いがおもしろくなるという好循環が生まれ、保育中でも自然に子どものことを語り合う姿が増えていきました。これまで、自分と異なる意見を受け入れられず、考え方の「ずれ」を否定していたこともあったのですが、良好な関係のなかでの語り合いは、自分と異なる意見も受け入れられ、むしろ、その違いをおもしろいと感じ、夢中になって議論することができるようになったのです。

　以前は「ずれ」をなくそう、正そうとしていた私たちリーダーも、「ずれ」があることが、保育の厚みを増していくのだと考えるようになりました。そして、それまで職員の上に立ち、職員の考え方を引っ張っていくことがリーダーの役割だと思っていましたが、職員がそれぞれの思いをしっかりと出せる環境や風土をつくっていくこと、そして、そこに出てきた「ずれ」を楽しく語り、ともに保育を創造していけるよう職員を支えていくことがリーダーの役割だと考えるようになりました。

　楽しく語り合うことは、「こうあるべき」といった固定的な考え方を次第に柔軟にしていきました。柔軟さは、それまでの保育を、子どもの姿から「子どもにとって」で考える、子どもの主体を大切にした保育へと少しずつ変えていったのです。

5　園のことをみんなで決めていく次年度会議

（1）自分の園のことは自分たちで決める

　「語り合う」もう一つの大きな柱は、12月から3月にかけて、6回程度行っている「次年度会議」です。文字どおり、次年度に向けての会議ですが、園にとって、職員にとって、大切な語りの場であり、重要な学びの場となっています。

　次年度会議を始めるきっかけとなったのは、語り合いのなかで、少しずつ保育も変わってきたと実感できるようになってきたなかで、職員が、リーダーの指示を待ち、どんな些細なことでも許可を得てからでないと動けない姿に違和感を覚えたことです。リーダーは、職員の受け身な姿に疑問をもつようになりました。そして、職員のよさを引き出し、やりがいを高め、主体的であるために何かできることはないかと考え、本園に必要なのは、職員が自分の園を自分たちで創っていくという当事者性を高めていくことではないかと

考えました。

そこで、これまで園長や主幹保育教諭といったリーダーが決めていた次年度の運営方針や重点目標、行事に関することなどを、職員みんなで話し合って決めていくことにしたのです。こうして始まったのが次年度会議です。

具体的には、各クラスの1年を振り返った内容や公開保育で出た意見、利用者アンケート等を参考にしながら、園の強みと弱みを分析し、園の課題を明らかにします。そして、特に次年度取り組んでいきたいことを「重点目標」とし、さらにそこから次年度の行事についても、みんなで決めていきます。

表2-1 2023（令和5）年度次年度会議等の予定一覧

月	日	曜日	会議名／時間	内容
12	15	金	第0回 18:30〜20:30(2h)	・園に関する（学校評価）アンケートについて ・今年度の取り組みを振り返り、園に関する（学校評価）アンケートの質問事項を検討する
12	22	金	―	・【保護者】園に関する（学校評価）アンケート開始
12	27	水	―	・【保護者】園に関する（学校評価）アンケート〆切
1	12	金	第1回 18:30〜20:30(2h)	・第0回に行った振り返りと園に関する（学校評価）アンケートの結果をもとに、園の強みと弱み（課題）を分析する。 ・次年度重点目標決定！
2	2	金	第2回 18:30〜20:30(2h)	・今年度の行事を振り返り、次年度の行事を検討する。 ・次年度の保育を行うにあたって、保護者に伝えておきたいことがあれば検討する。→検討した内容は、次年度保育説明会（重要事項説明）の動画配信で保護者に伝える。
2	17	土	第3回 13:30〜16:00(2.5h)	・次年度行事日程について ・新プロジェクトチーム結成 ・新プロジェクトチーム会議（年間計画作成）
3	1	金	―	・【保護者】次年度保育説明会（重要事項説明）動画配信開始 ・新クラス担任発表（予定）
3	1	金	第4回 18:30〜20:30(2h)	・新セクション会議 ・新プロジェクトチーム会議
3	16	土	第5回 13:30〜17:00(3.5h)	・新セクション会議 ・新プロジェクトチーム会議
3	30	土	第6回 8:15〜17:00(8h)	・園内環境整備（園庭・3階屋上倉庫・2階教材庫・階段下倉庫） ・新プロジェクトチーム会議 ・新セクション会議・課題設定 ・自己目標達成シートについて

（2）当事者として考える

次年度会議に取り組み始めてから、職員の心もちや行動に変化がありました。これまでどこか他人事だったことも、自分たちの問題として考え、課題解決に向けての方法を探るといった主体的な姿が見られるようになってきたのです。職員が指示を待ち、許可を得ないと動くことができなかったのは、職員の力不足ではなく、リーダーが決めたことを受けて動くという習慣が当たり前になっていたからではないでしょうか。園の運営に関することはリーダーが決めるという思い込みや、「自分たちで考えてね」「自分たちで決めていいから」と言いながら、あとでダメ出しすることも、結果的に当事者性を奪い、「言われたからする」になってし

図2-3 みんなで園を創っていくプロセス例

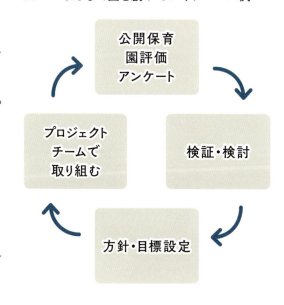

まっていたのだと思います。

　「ともに」考え、「ともに」創っていくというスタンスが、職員の主体性や当事者性を高めていくことにつながったと考えます。

6 プロジェクトチームで語る

(1) 自分たちで解決に取り組む

　次年度会議で話した重点事項を具体的に進めていくのが、「プロジェクトチーム」です。職員は次年度会議のなかで、重点目標を実現していくためのプロジェクトチームを4チーム程度組織します。そのなかから自分が参加したいプロジェクトチームを選択し、そのチームで1年を通して課題解決に取り組んでいきます。

　2023年度は、保護者との連携を考える「保護者連携チーム」、園庭の充実を考える「園庭改造チーム」、食育の充実を図る「食育チーム」、安全対策を高める「リスクマネジメントチーム」の4つを作りました。

(2) 新たな視点で変わる避難訓練

　リスクマネジメントチームの活動を紹介します。

　このチームは安全対策などを総合的に見直そうというチームです。以前は、安全対策に関することは、主に園長・主幹保育教諭のリーダーを中心に進めていました。避難訓練の計画や実際の運営も同様に進めていました。しかし、リスクマネジメントチームの発足後、そのような計画や運営もチームに所属する職員で行っています。先日の避難訓練では、日時や内容等をチームの職

リスクマネジメントとして真剣に取り組む避難訓練

員以外、園長を含め誰にも知らせず決行されました。当然、園長の動きが安全を欠くものであれば指摘を受けます。職員が自分で計画し、実行していくので、その意味や必要性、また重要性に気づくことができるのです。

これまで、当たり前だったことに新たな視点が入ることで、子どもへの投げかけを含め、避難訓練の質、そして、園の危機管理意識は大きく向上していると感じています。

7 おわりに

本園は語り合う園内研修を重ねていくことで、研修についての考え方が変わっていきました。以前は、研修とは何か新しいことを学び、具体的な成果として保育の方法等がすぐに変わっていくべきで、変わらねばならないと考えていました。しかし、今は少し違います。いわゆる「会議」と呼んでいたようなものが、すべて「学びの場（研修）」であるととらえ直しています。まさに、先に紹介した次年度会議も大きな学びの場です。語り合うプロセスそのものが「学び」であり、そのプロセスを通じ、時間をかけて保育が変わっていけばよいと考えるようになりました。

「ずれ」についても考えが大きく変わってきました。以前は、園内では見方や考え方の「ずれ」をなくしていくべきで、なくさねばならないと考えていました。しかし、今は「ずれ」があるからこそ、そこに新たな考えや価値が生まれてくるのだと考えるようになったのです。

そのためには、園長・主幹保育教諭といったリーダーやミドルリーダーが、職員とどのように向き合っていくのかが重要だと考えます。人は多様で、それぞれに思いがあり、それぞれ主体として尊ぶべき同じ人です。このこと抜きでは対話は生まれてこないのではないでしょうか。

学びがひろがる園内研修　79

事例1〜6を振り返って

　園内研修の例を6つ紹介しました。各園の実態や願いに応じて展開された園内研修です。それぞれに異なる特色がありますが、共通しているのは、そこに参加する保育者の「保育について学びたい・よりよい保育を目指したい」という保育者たちの熱い思いです。園内研修に取り組むことで、保育者のなかに育まれると思われることについて、以下にまとめます。

1 子どもの姿が見える、子どもの声が聞こえてくる

　子どもの具体的な姿について語り合う研修を重ねていくと、以前よりも子どもの姿が見えてきて、声が聞こえてくるようになります。子どもの姿について語り合う経験によって、子どもの姿を感知する感度はどんどんよくなっていくのではないでしょうか。

　事例やエピソードを持ち寄って語り合う研修会のなかで、自分の事例に対して、「何をしていたの？」「誰と一緒に？」「何を使っていたの？」「どんな場所で？」「そのあとはどうなったの？」などと質問され、それに答えるという体験がとても重要です。保育者間の対話のなかで、自分が意識していなかったところに光が当たり、「そういえば」と思い返したり、つながりはないと思っていたことが、もしかしたらつながっているのかもしれない、ということに気づくのです。

　写真を使用して語り合う研修でも、語り合いのなかで多くの気づきが得られます。体の傾きや視線の先、ちょっとした物の位置など、気づきにくいところに着目して「こんなことも考えられるかもしれない」と語り出す人がいると、おもしろさは、さらに増していきます。

　事例、エピソード、写真など、子どもの姿の表し方は、それぞれに違いますが、大事なのは、そこで「自由に語り合う

ことです。多様な見方、考え方を出し合い尊重する語り合いのなかで、「子どもの姿を見る力」「子どもの声を聞く力」が育まれていくと考えます。

2 子どもの思いと自分の思いの間の「ずれ」に気づきやすくなる

　子どもの姿が見えてきて子どもの声が聞こえてくるようになると、保育は急におもしろくなっていきます。子どもの声を聞いて「あらぁ」と思って、笑う瞬間が増えていきます。子どもが夢中になって遊んでいるときには、たくさんのおもしろい声が聞こえてきますから、ワクワクした気持ちで子どものそばにいるようになります。もちろん保育者として自分の思いも出しますが、「子どもはどうなのかな？」という問いを心の中にもっているので、保育者の思いだけで突っ走る、ということは少なくなります。

　子どもって本当におもしろいです。子どもはそれぞれに独自の視点をもっているので、想定外がたくさん起こってきますが、余裕のある保育者は、それを楽しめるのです。自分の思い描いたことと、子どもたちが実現したいと考えたことの間の「ずれ」に気づき、そこから保育を組み立て直すことで生み出されていく保育の世界は、とても魅力的なものだと思います。

　子どもの姿について語り合い、見方をひろげたり変えたりしたことで得られた気づきについて考え合ったり、子どもが思いを出して創り上げた保育について考え合ったりする研修を通して、保育の質は向上していくと考えます。

3 日々の保育が少しずつ変わっていく

　子どもの姿が見えてきて、そのことについて語り合うなかで、保育者は今までよりもう少し深く考え始めるようになります。「その子がしたこと」という表面的にとらえられることの理解にとどまらず、その子どもの姿は何によ

って引き出されたのだろうか、その子は行為を通して、何を表しているのだろうかと考え始めるのです。

　考えなくてはならないから考える、という義務的な行動ではなくて、つい考えてしまう、という感じです。そうやって子どもについて考えたことを、そばにいる保育者に話すようになる、という変化も起こってきます。子どものことについて語り合うおもしろさを園内研修のなかで味わったことが、日々の保育のなかでの語り合いにも影響を与えていくのです。

　こうやって、保育者一人ひとりの意識が少し変わることで、保育がほんの少し変わっていきます。保育者一人ひとりが小さな気づきを共有することで、「こうしてみようか」という提案を気軽にできるようになります。こうして、保育は確実に変わっていくのです。

　小さな変化が、確かな変化につながり、気づけばすっかり見違えたという展開にもなっていきます。子どもの求めに応じて応答的にかかわりながらも、子どもの姿が心の中に深く入り込んでくる。保育する日々のなかで、子どものことがよく見えてくるとき、保育者は、保育の楽しさを実感し生き生きと輝き出すと考えます。

4 語り合いのなかで、保育者の新鮮度が更新される

　倉橋惣三の「幼稚園の三月」のなかに、「新鮮度の更新」という言葉があります。年度の切り替わりというときをとらえて書かれた文章です。以下に引用します。

幼稚園の三月

　その新しくなるというのも、必ずしも変化ということには限らない。同じ感じ方でも考え方でも、観方でも、その深さや渋やかさや、わけても、その鮮度が加わるのである。新しいとは生きていることである。

　鈍っていないこと、だれていないこと、気のぬけていないことである。そうして、それは反省によってのみ、自己を新しくいのちづけ得られるのである。教育者の新年輪は教育者としての新鮮度の更新である。

倉橋惣三「幼児の教育」（第50巻第3号）フレーベル館、1951年

　園生活は4月に始まり3月で一区切りします。園生活を一区切りし、新年

度を迎える気持ちについてわかりやすく教えてくれている文章ですが、これを読んでいると、新鮮度の更新をする場面は、年度の切り替えだけとは限らない、ということに気づきました。

　年度の切り替え以外で保育者の新鮮度が更新される場面、それがまさに園内研修の場だと思います。語り合いを大切にする園内研修のなかで、自分の思いと子どもの姿の間の「ずれ」や、自分が考えていたことと子どもたちがやりたいと思ったことの「ずれ」を自覚し、それはどこから来たのだろうかと考え合う時間のなかで、保育者は今まで気づかなかったことに気づくことができます。他の保育者と語り合うなかで、今まで考えてもみなかったことを考えてみる、なんてことも起こります。

　これがまさに、「鮮度が加わる」ということなのではないでしょうか。園内研修の意義として、「新鮮度を更新する」ということを一番に挙げておきたいと思います。

5 自己肯定感が高まり、前向きな気持ちの保育者になる

　自分の思いを出し、語り合う園内研修のなかで、気づきがひろがり、一人ひとりの保育者の新鮮度が更新されていく、ということについて述べてきました。このことは、保育の「質」にかかわる重要な視点と考えます。

　紹介してきた6つの研修例は、園の規模や研修の方法、参加者の数など、それぞれ違っていますが、共通している部分があります。それは、「研修を企画する」運営者の熱意と、「研修を楽しみにする」保育者たちの姿勢です。研修を企画する側と研修を受ける側双方に、研修に対しての積極的な姿勢があります。「自ら学ぼうとする」姿勢がとても大切なのだと思います。

　園内研修に取り組むことが大切だとはわかっているけれど、なかなか時間がとれなくて、と嘆く声を聞くことがありますが心配無用です。園内研修の時間を短めに設定するとしたら、すき間のような時間を見つければいいのです。日々の保育の打ち合わせでも、そのなかで「これってどういうことなのかな」と問い返す習慣をつけていくと、「この打ち合わせも園内研修っていうことかも！」と思えてきます。このようなあり方を続けていると、自己肯定感が高まり、前向きな気持ちの保育者になっていくと考えます。

　ここで紹介した研修例を参考にして、あなたの園ならではの研修を始めてみてください！

第3章

学びがつながる
多様な研修方法

はじめに（事例7〜12）
多様な研修方法がもたらす可能性

　事例1〜6では、園内の研修に焦点を当てました。保育現場における研修は、保育者が子どもたちを深く理解し、より質の高い保育を提供するために不可欠な要素です。しかし、園内では研修を取り入れていなかったり、園内での研修を行っていても、同じメンバーが同じ形式で研修を繰り返すことでマンネリ化が生じ、研修自体が形骸化している可能性もあります。

　新型コロナウイルス感染症により、研修の方法やアプローチも多様な方法が生まれてきました。オンラインというツールを使うことで、研修の可能性が大きくひろがりました。多様な研修方法を取り入れることで、保育者一人ひとりが、誰とでも、どこでも、どのような園でも成長できる機会が生まれます。そういった多様な研修により保育の質の向上が実現すると考えます。

1　学び合う研修

　誰とでも学べる研修のあり方は、保育者同士の知識や経験の共有を促進するための手段です。異なる背景や経験をもち、さまざまな立場の保育者が集まり、意見や視点を交換することで、新たな発見や学びが生まれます。経験をもつ保育者が集まり、保育実践に基づいた自由な対話を行う場が提供されています。

　外部で行われる研修は、利害関係のない環境で行われるため、保育者が自分の考えを深く見つめ直し、新たな視点を得ることができる貴重な機会となっています。こうした自由な対話の場は、保育者が自らの考えを洗練させ、新たなアイデアを生み出すための重要なプラットフォームとなります。異なる保育の考え方や価値観を尊重しながら、新しい視点を得ることができるでしょう。

　普段の保育を互いに見学し合うことも大切な取り組

みです。実際の保育を見ていくことは自分自身の常識が揺さぶられ、新たな視点を得る機会が提供されています。これにより、参加者は異なる環境や価値観に触れ、自分たちの保育実践を見直すきっかけとなります。

2 多様な方法の導入

新型コロナウイルス感染症の影響で、従来の対面形式の研修が難しくなった時期に、オンライン研修がひろがりを見せました。オンライン研修は、物理的な場所に縛られずに参加できる利便性があり、時間や場所の制約を超えて学びの場を提供します。また、それを踏まえオンラインと対面を組み合わせたハイブリッド形式の研修も導入されてきました。

保育者同士の学び合いを継続するこのアプローチにより、保育者は場所にとらわれることなく、主体的に学び合うことができるようになりました。

3 多様な研修方法の可能性

多様な研修方法の導入は、保育者の成長を支援し、保育現場の質を向上させるための重要な手段です。また、研修が単なる知識や技術の伝達にとどまらず、保育者同士が自由に意見を交換し、互いに学び合うためのプラットフォームとして機能することが不可欠です。このようなプラットフォームは、保育者が新しい視点やアイデアを得るための場であり、保育の質を向上させるための源泉となります。

このあと、多様な研修方法がどのようにして保育現場に導入され、効果を発揮しているのかを紹介していきます。保育者たちが互いに学び合い、支え合いながら成長し続けるための研修の可能性について一緒に考えていきましょう。

事例7

お茶の水女子大学附属幼稚園・いずみナーサリー・
文京区立お茶の水女子大学こども園(東京都文京区)

語り合いの輪をひろげた「三園合同研究会」

エピソードを持ち寄って語り合う

　大学内にある三園の保育者が学び合う研究会です。幼稚園、小規模のナーサリー、認定こども園と、三園の形態や規模は大きく違っていますが、「子どもは自ら育つ」という保育観を共通にもち、互いの違いを尊重しながら「ありのままの子どもの姿」を持ち寄り、語り合う研究会を2〜3か月に1回の頻度で実施しています。

　三園の保育者が小グループで語り合う際には、担当学年がバラバラになるように配慮し、乳児の事例と幼児の事例が入り混じるようにしています。参加者からは「それぞれの場所の保育者がどんな思いで子どもたちとかかわっているのかということに興味を抱くことは、新しい視点を得られるチャンスになる」「それぞれに違う保育の場をもっている同志なので、現実に縛られずに根源的な問いに向かっていくことができる」という声が寄せられています。「違いを喜び、問いかけ合う姿勢をもち語り合うことで、新しい視点や気づきが得られる」研究会の実践を紹介します。

1 三園合同研究会が始まった理由

　お茶の水女子大学内には、附属幼稚園(3〜5歳児)、附属いずみナーサリー (0〜2歳児)・文京区立お茶の水女子大学こども園 (0〜5歳児)という3つの乳幼児施設があります。

　附属幼稚園の創立は1876年で長い歴史があります。2016年4月に新しく認定こども園が開園し、三つの園が揃ったことで、ともに学び合う機会の模索が始まりました。三園は距離的に近い場所にあり、日頃から顔を合わせられる関係です。子どもたちも、散歩先で出会い一緒に遊ぶなど、日頃から

三園合同研究会に集まってきた先生たち

自然な形で交流を図っています。

　各園では、それぞれに園内研究会を行っていましたが、保育者同士の学び合いについても可能性を探り、保育の原点ともいえる「子どものことを語り合い学び合う場」を「三園合同研究会」と名づけ実施することにしました。園の規模や形態が違う園の保育者が語り合うことで「当たり前」を見直したり、ときには「ずれ」も味わいながら学びを深めたいと考えたのです。

　長い伝統をもつ附属幼稚園には落ち着いて語り合える遊戯室があり、語り合いの場所に最適でした。落ち着いた場所でゆっくり語り合う時間は、どの園の保育者にとっても、豊かな学びの時間になっています。

2　実施内容

（1）開催時刻や頻度

　2〜3か月に1回くらいの頻度で、18時から20時という時間帯で開催します。園によって保育時間が異なり、共通に語り合える時間ということで、この時間帯になりました。

（2）語り合いの方法

❶各園の保育者が混ざり合うように配慮して3〜4名のグループを作ります。勤務の関係で遅れて参加する保育者もいるので、緩やかなグループ編成にします。

❷それぞれが持ってきた写真について、まずは持参した人がエピソードをざっくり話します。

❸エピソードのなかで出てきた素敵な子どもの言葉や姿を拾って、「これって素敵〜」と言葉を交わします。それがうれしい時間になります。

❹「素敵！」と語り合うところから、さらにエピソードが出てきます。例えば、対象児の別のエピソードや写真の場面の見えない部分のエピソードなどです。そうなってくると、「いいね！」「素敵！」が止まらなくなってきます。

❺話しているなかでも「どうしてこの子はこうしたんだろうね」「どんなことを考えていたんだろう」と、その場面を知らない人もついのめり込んで考えてしまいます。

学びがつながる多様な研修方法　89

❻参加者一人ひとりのエピソードに対して、❶〜❹を繰り返し行いながら、大きな紙に印象的なワードや考えを書き起こしたり写真を貼り付けたり、場合によっては、写真にも書き込んだりしていきます。

❼語り合いが進み、語られるエピソードが増えるなかで何となくつながっている部分が見えてきます。つながりを意識することで語り合いが深まっていきます。語り合いは脱線しがちですが、むしろ脱線こそがおもしろさを連れてきているようにも思えます。一見脱線に思える語り合いのなかで一番大事なことが見つかったりします。

❽グループの話し合いが満足いくまで行えたら、最後にそれぞれのグループの話し合いを報告し合います。「ここが盛り上がった！」ということを協力し合いながら発表します。

（3）語り合いが弾んだり、深まったりするための配慮事項
❶持ち寄った写真をもとに語り合うために

語り合う楽しさが味わえるように、持ち寄る写真のテーマを「入園当初の様子」「探究する姿」などと絞る場合もあれば、「自分のお気に入りの一枚」という自由なテーマのときもあります。

写真を持ってくることができなかった人も語り合いに参加し、たくさん質問をしたりすることで語り合いを盛り上げる役割を担うことができます。

数人ずつのグループが同一の場所で語り合うことで、次第に語り合いの楽しさがひろがってきます。互いを感じ合う距離感が大切です。

❷語り合いの痕跡を残すために

語り合うことが目的ですが、そのなかで出てきたことやわかったことなどを記入していくと、「今、語っていること」がより鮮明に参加者の心の中に入ってきます。

記録をするための道具は、ペンやハサミ、両面テープやのりなどです。ペンも多種類あると選ぶことができて、紙面が楽しくなります。

語り合いつつ、そこで生まれたことを記入するということは、保育のなかでも活かされる能力になります。回を重ねるなかで「語り合いつつ記録する」「思ったことを自由に書き込む」ということができるようになってきます。

語り合いの内容はしっかり記録

記録するための道具を用意

❸ いろいろな語り合いの魅力に触れるために

　最後に、全体でグループでの語り合いを共有します。同じテーマで語り合ったとしても、語り合いの内容はそれぞれ違います。「同じ時間にこれだけ多様な語り合いがあった」という実感を得るところに大切な意味があるので、報告の仕方も各グループの自主性に任せます。進行の担当者はタイムキーパーをします。時間は長くならないように、2～3分程度の時間を設定し、概ねその時間内で報告できるよう呼びかけていきます。

　語り合いの始めと終わりに、季節の歌をみんなで歌ったり、作ったものを見せてもらったりすることもあります。語り合いと情報交換をして、また次回へつないでいきます。

3　研究会の様子

　この日は、ナーサリーの先生たちは都合が悪く、認定こども園と幼稚園の先生たちのみが集まりました。年度末でそれぞれに忙しいときの実施でしたが、囲んだ机上に子どもたちの写真が並ぶと、自然にみんな笑顔になります。4人ずつ3グループに分かれて語り合いが始まりました。そのなかの1つのグループの様子を詳しく紹介します。

子どもたちの写真を机上に並べて語り合い

学びがつながる多様な研修方法　91

（1）エピソードを紹介し対話する（60分）

エピソード❶：「おひな様になる」（こども園 3歳児）

　積み木で作った段の上にすました顔で座るお内裏様がいます。その横に広告紙の着物をまとったおひな様が立っています。この写真について語り合いました。

おひな様になる子どもたち

　お内裏様とおひな様になりきる2人の様子が何ともおもしろくて、写真を見ながら、細部に注目して話が弾みました。
　「おひな様は、どうして立っているのかな？」「座れなかったのかもしれないね」「本当！　座るとせっかくの着物が破けちゃいそうだもの」と、まるでその場にいるかのように話が弾みます。

　すました表情とピンと伸ばした指先からは、「おひな様になっている」2人の緊張感があふれていること、「（何かに）なる」ということのおもしろさが子どもたちの心をとらえていることなど、1枚の写真から伝わってくることが次々に語り合われて、このことの意味をもっと語り合いたいという思いがひろがっていきました。

子どもの姿を語り合い「おもしろいね」と笑い合う

エピソード❷：「地面に大きな円を描く」（こども園 1歳児）

　自分の体よりずっと大きな円を、体全部を動かしながらいくつも描いている写真を見て、「きれいな円になっている！」「すごいね！」「こんなに大きく！」という素朴な感想が飛び交います。
　みんなが盛り上がって語り合っている様子を、この写真を持ってきた保育者がうれしそうに見ながら、「一つひとつが友達や保育者のおうちなんです

小さな体を使って大きな円を描く子どもの様子を実演

よ」と教えてくれました。「こんなふうに、円を描いていたんですよ」と実演もしてくれました。

　その声を聞き姿を見たうえで、もう一度写真をじっくり見ると、大きな円の間に、小さな円が描かれていることが見えてきます。2歳の子どもたちが、遊びや人を、丸くつないでいる様子が見えてきました。

エピソード❸：
「ツバキちゃん救出大作戦」
（こども園 4歳児）

　クズのツルがからみついて窮屈そうなツバキとイチョウの木に気づいた一人の保育者がツルを引っ張っていると、その動きに気づいた子どもたちが動きました。

ワクワクした表情の保護者たち

　4歳児は、力を出すことに俄然張り切る人たちです。彼らの勢いが周りの大人たちをも動かしていきます。救出大作戦に協力してくれる人を貼り紙で募集すると、翌日数名の保護者が集まってくれました。保護者たちは、かつて子どもだった頃を思い出し、4歳児と横並びのワクワク感でイチョウを救出していきました。保護者たちのワクワクした雰囲気が、写真と語りから伝わってきて、聞いている誰もがウキウキした気持ちになりました。

学びがつながる多様な研修方法　93

エピソード❹:「きつねの小判」(幼稚園 4歳児)

　園庭で拾った黄色い小さな粒が「きつねの小判」という名前だと知った4歳児のエピソードが紹介されました。

　「きつねは、なんでこんなだいじなものをおとしちゃうのかな？」「おさいふに、あながあいてるんじゃない？」など子どもたちのつぶやきが紹介されると、思わず微笑みが生まれます。　事例としても興味深い内容でしたが、「きつねの小判」自体にも興味が集中し、「何、それ、おもしろい！」「どんなものなの？」「きつねの小判って素敵な名前ね」と反響が大きく、「大学の中庭にたくさん落ちていたような気がする」という情報も出てきました。それなら明日行ってみよう、という声も上がり、これまで見過ごしていたものに目を止めるきっかけにもなりました。

　「名前」との出会いが、イメージを膨らませ、ものや人との距離を縮めていくことがわかりました。そして、「きつねの小判」が学内にあることが語り合いのなかで明らかになったことで、子どもたちと出かけてみようという思いがみんなのなかにひろがりました。

机の中央にあるのが「きつねの小判」

名前のおもしろさに子どもたちが興味をもった「きつねの小判」

グループの語り合いの共有

（2）グループの語り合いの共有（15分）

　それぞれのグループが語り合いの報告をしていきます。報告の仕方は自由です。

　話すことに夢中になったグループ（写真左）には書き込みがあまりありませんが、熱い語り合いの様子を報告してくれました。

　エピソード相互のつながりが見えて盛り上がったグループ（写真中）は、いろいろと書き込みがある紙をグルグルと回して紹介してくれました。発表はみんなで協力して行います。1時間の語り合いのなかで「仲間」になった、という感じがします。

　最後のグループ（写真右）は、それぞれのエピソードについて紹介したあとに、「その子の視点に立って考えてみる、感じてみることのおもしろさに気づいたことが語られました。語り合いつつ作成した資料は、写真に撮ったり保管して、次の研究会で見返したり、研究会に参加できなかった人が見られるようにしています。

4　まとめ

　違う園に勤務している保育者が学び合う機会は、自園の保育者だけでの学び合いとは違う意味をもつように思います。「子どもたちから始まる保育を目指す」という共通の目標をもっていますが、在園者数や園の規模は大きく違っています。それだけに、それぞれの保育者が提供する事例は、新鮮で、新しい気づきを連れてきます。次に紹介する参加者の感想からも、そのことが伝わってきます。感想から見えてくる三園合同研究会の可能性についてまとめます。

語り合いのなかで新しい発見が得られる

- 乳児の保育を担当しているため、幼児の生活や遊びの雰囲気を知る機会になり、それを当事者の保育者がどうとらえ、どう感じたのかを聞くことが楽しかった。

- 自園の子どもたちだけでなく、三園だからこそ全く知らない子どもたちがどのように日々を楽しみながら過ごしていて、それぞれの場所の保育者がどんな思いで子どもたちとかかわり、遊びを楽しんでいるのかを知ることができたのが新鮮だった。

- 新しい発見であふれていると思います。「それぞれの場所の保育者がどんな思いで子どもたちとかかわっているのか」ということに興味を抱くことは、新しい視点を得られるチャンスになります。

- 紹介される事例に対して、興味を示し質問したり感想を言ったりするかかわりによって、「新しい発見」が生み出されていきます。質問することも、質問されることもとても楽しいと感じました。

「子どもとは?」という根源的な問いに向かっていく

- 3人の保育者が集まりで出し合った事例で、子どもたちはどこを見ていたんだろうという話題になり、エピソードを話しきったあとに、改めてすべての写真をみんなで見返してみることもおもしろかった。空を見る人たち、ひたすら地面を見る人たち、登場した雛飾りを見る人たち、友達を見る人たちなどの姿が浮きぼりになった。一人で見返して考えてもおもしろかったと思うが、話しながら「こんなことを考えて見ていたのかな」「実はこう思っていたりして!」とみんなで考察していくことが楽しかった。

- 子どもの目線になろうとよく言うけれど、実際には子どもたちが考えたり見たりするものって、大人には到底考えが及ばないものなのかもしれないということを、この対話を通して改めて感じた。そこに「ずれ」があるのだろうけど、それをおもしろがるところから気づきがひろがると感じた。

　「写真をみんなで見返すことがおもしろかった」「みんなで考察していくことが楽しかった」という言葉から、より深く考えていこうとする姿勢が感じ

られます。

　それぞれに違う保育の場をもっている同志なので、現実に縛られずに根源的な問いに向かっていくことができます。「問いかけ合う姿勢」が、深い学びを得ていくためにとても大切です。

多様な考え、多様な保育のあり方に触れることができる

● 「きつねの小判」は、園も年齢もバラバラなのに子どもたちが同じものに興味があるという発見と驚きがありました。

● 「きつねの小判」では子どもの視線は下を見ている。「ツバキちゃん」ではみんなが上を見て、他の植物にはツルがかかっていないか気にし始めている。これらの話から「子どもはどこを見ているか」という問いが生まれ、そこから「では、大人はどうだろう」という話にもなっていきました。それは、とても興味深い体験でした。

● 子どもたちへのまなざしや、どんなことをおもしろがって見ているか、子どもの視線から大人の視線にも考察がひろがっていくことができるのだと、語りのなかから学ぶことができました。

　子どもの姿や自然物のことなど、具体性をもった語り合いを中心に置くことで、意見が言いやすく多様な考えに触れることにつながります。互いの保育に対して興味をもつことを心がけることで、ワクワクした語り合いが実現するように思います。多様な他者と出会い、学び合うことの意味は深い、と考えます。

事例8　drawing out 研究会（東京都等）

立場を越えて語り合う プラットフォームを目指した研修

語り合いで自分の引き出しを増やす

　足立区の区立保育園にかかわっている人を中心に結成し、市区町村、園の種別、立場や経験・関係性を超えて集まって行っている研修です。さまざまな人が集まるなかで、保育実践をもとにして語り、価値観や経験などさまざまに起きる「ずれ」を語る場としてのプラットホームを目指しています。この語り合いは年6回程度保育後に行っていますが、利害関係もなく、違う立場や同じ立場等、園内では語り合えないことも語れる、貴重な機会になっています。事例をもとにして語りますが、こうあるべきは誰も提唱しませんので、自分なりに自分の考えに引き寄せたり、保育に照らし合わせたりしていきます。ただし、保護者や同僚、保育環境への不平不満の言い合いで終わらないようにし、自分を振り返ってつなげていけるようにすることは意識しています。この研修のあり方は、さまざまな人に自分の思いを語り合うなかで自分のことを振り返る意味や、語り合う機会はどこでも誰とでも可能になることの可能性を示してくれています。

1　研修って何のために行うのだろう

　保育の質の向上を目指して、都道府県や市区町村、さまざまな団体が主催する研修が開催されています。近年はオンライン化も進み、対面とオンラインのハイブリッドなどの研修も登場しています。大小さまざまな研究会があり、回数を重ねて参加している保育者たちも多く見受けられます。しかし、そうした機会に参加している保育者たちが学んだことが、日々の保育に本当に活かされているのか疑問に思うことがあります。「子どもの気持ちに寄り添う」「子どもたちの願いをかなえる」など、保育者の口から出てくる言葉や目指す姿勢と、実際に保育する姿がマッチしていないこともしばしばあります。知識として伝授され、目指すべき方向性を知っていても、どうしていいのかわからず、保育が現状のままで混沌としている状況があります。

そんな状況下で実施した自主研修会の1コマについて紹介します。事例を通して少人数で対話することを行いました。日々の保育を子どもの姿を通して語り、参加者や助言者（講師）の意見を聴きました。問いかけられた疑問に対して事例を振り返り、考えを伝えました。保育を開いていくことにより、自分自身も開かれ、自分とは違う意見を聞くことを怖がっていた保育者たちも楽しそうに話し、聞いている姿が見られました。さまざまな人との対話では、自分一人では思いもよらなかった意見や、問いかけられ考えをめぐらせながら答えたり受け止めたりしていました。そのような語りのサイクルが生まれると、自分自身の中に腑に落ちたということなのでしょう、翌日以降の保育や環境が変わっていく様子が見られました。

　ここで大切だと考えられることは、至極当たり前で古くさい形かもしれません。しかし、事例を語り合うことにより、さまざまな保育の取り組みや保育者の考え方を知り、自分の保育と照らし合わせたり具体的にイメージするようになったり、子どもたちとこんな保育がしたいと思いを馳せたり、どうしたらよいかと深く考えるようになっていました。

2　D研誕生の理由

　子どもたちの姿をよく観て、子どもの気持ちを感知しようとして心身ともに近づき、子どもたちの願いや思いとは何だろうかと考えていく保育者は、その根拠も具体的になっていきます。こういった場をどのように作っていくのかは大事な問題です。一方で、語り合いは園内にとどまらず、さまざまな保育者と語りたいと思う保育者もいます。また、そのような場が残念ながら今の職場にはないと嘆く保育者もいます。

　そこで都道府県や市区町村、さまざまな園の公私立を問わずさまざまな環境でさまざまな保育を実践している保育者たちが、事例を通して保育を語り合える場がほしいと考え、自分たちで自主的に勉強ができる自主研修会の場を立ち上げました。その場で感じたことや考えたことを、保育者一人ひとりがそれぞれの引き出しに入れ、必要なときに取り出して保育に活かせるような場でありたいと考え、「引き出し」の意味をもつdrawing out研究会（通称D

学びがつながる多様な研修方法　　99

研）と名づけました。つまり、保育のなかでたくさんの事例に触れ、自分たちの可能性をひろげ、引き出しを増やしていくことを目指した自主研修の場です。現在では、立場や経験・関係性を超えたさまざまなずれを語るプラットフォームを目指し、毎回40名ほどの区内外の公私立の保育者が参加し、実践事例について語っています。

3 D研で大事にしていること

● **事例をもとに語り合い、語りたい相手と語りたいことを語る**
　立場や関係性、経験は事例を通して考えると関係なくなる。
● **まとめをしないこと**
　皆で正解や方向性を考えるのではなく、各々が自分で考える。
● **不平不満の言い合いで終わらないようにすること**
　保護者や同僚、保育環境への不平不満ではなく、自分を振り返り、明日の保育につなげていけるようにする。

　勤務終了後に約2時間、疲れていると思いますが、語り合う様子や勉強会終了後の表情は明るく、何か引き出しに入れて持ち帰ることができたのであればよいと思っています。以下、D研のなかで取り上げられた事例や議論について紹介し、その意味を探っていきます。

4 事例と対話

❶絵の具での水遊びからジュース屋さん始めてみました

　色水を作るようになると、子どもたちは自分で使うペットボトルを持って登園し、そのペットボトルに絵の具を入れて色水を作り、水に色がつくことをおもしろがり、何度も繰り返す。作っては水道に流し、また新たに色水を作ることを楽しんでいた。何日か経つとペットボトルの中に絵の具を入れながら、理想の色に近づかないことを悩む子の姿があった。そんななか、友達の姿に気がつき、自分の考えや経験からか、この色とこの色を混ぜるといいかもしれない、と伝え合うことが増えていった。そして友達の話を聞き入れて試してみることも多くなり、イメージ

した色に近づけることができたような場面を見ることもあった。

その後、担任は本物の飲料に近づけたいという子どもたちの姿に気づいた。そこでラベル付きのペットボトルを用意した。すると、子どもたちはラベルに合ったジュースの色を想像し、夢中で作り続ける姿が見られた。しかし、作ったジュースの量が多くなり、机の上がジュースだらけになってしまう。同じような色のペットボトルもたくさんある。担任は「机の上がジュースだらけで、他のことができなくて困っているのだけど」と声をかける。そしてすべて置いておく必要があるのかと聞いてみた。すると、子どもたちは「だって、同じ色のジュースは作れないから」と返答したのであ

る。子どもたちには一本一本のジュースに意味があり、同じものは一つとしてなかったのである。子どもとの対話のなかで、保育者が子どもの思いと子どもの世界に気がつくことができた場面であった。

さらには作り貯めていたジュースに変化が現れた。日数が経つと色やにおいが変化したのである。そしてそのことに気づく子もいたのである。これらは保育者が教えたわけではないが、子ども自身が夢中で体験するなかで水の変化に気づき、不思議に感じたことを友達と共有し、考えや思いを伝え合うなかで発見された、水の性質や特徴といった、深めていこうとする視点に気づいていたと思った。

季節が変わっても色水遊びは続き、展開していき、石鹸を使った泡遊びや毛糸を使ったままごととも組み合わさり、「色水」だけではない遊びにつながっていったのである。

担任の配慮としては、どの素材も子どもによって興味をもつタイミン

学びがつながる多様な研修方法　101

グが異なるため、一人ひとりの子どもたちの声や興味・関心に寄り添い、その都度求める素材や道具を用意するようにした。というものであった。

次にグループに分かれ、対話を行った。対話した内容は以下のとおりです。

対話❶

- なぜ絵の具だったのだろう？
- どうしてラベルを貼ったペットボトルだったのだろう
- もっと色を試すことをしてもよかったのではないか
- 他の容器があってもよかったのではないか
- 子どもによって興味をもつタイミングが異なるところに、丁寧に寄り添えているのではないか
- 絵の具だけではなく、クレープ紙やマーカーも試せばいいのに
- ラベルをはがせば色自体がきれいに見えて、もっと色に興味をもつのではないか
- 他の容器があれば、もっと遊びも発展したのかもしれない

エピソードと対話から考えること

- 色水遊びでは、子どもたちが楽しんでいる姿が見られています。しかし、本物にしたい子どもの姿があるから、楽しんでいるからずっとその素材や道具があればいいというわけではなく、子どもはどのようなことを考えようとしているのか、より楽しめるためには何が必要なのか、より遊びの選択肢を増やしたり、変化させたりすることが大切であるということがわかりました。
- 子どもたちの本物にしたい気持ちに応えたつもりでしたが、ラベルを貼ってあることで、本物に近づけようとする子どもの想像力も奪ってしまったのかもしれません。ラベルがないことで、自分でラベルを作ろうとしたり、飲料の透過率をより本物に近づけようとしたりしたのかもしれません。
- 子どもの遊びが盛り上がっていると感じていても、一緒に突き進むことの大切さと、少し俯瞰的に遊びを振り返ることも必要であると思います。
- 事例を語ることとは、自分の保育を「否定」されることと少し怖く感じていましたが、D研を通して、語り合うことは、保育を「否定」されている

のではなく、さまざまな保育の考えを知る機会であるというふうにとらえられるようになりました。遊びをさまざまな視点で考え、お互いの考えを伝え合うことが、今後の保育の質を高めるために大切であると思います。

❷4月の子どもたちの姿から
　お気に入りアイテムの存在

　4月のはじめ、園に慣れることを目的として、子どもたちが家庭からお気に入りのタオル、玩具、おしゃぶりなどのアイテムを持って登園する光景は日常的に目にしている。子どもたちが安心して園生活を過ごすために、持参することを肯定的にとらえ、その子どもの人権や意見に耳を傾けようと「NO」とは言っていない。また、他の子どもも友達が持参している姿を見て、お気に入りの玩具を持参し、それを見せ合ったり触り合ったりすることで他児とのかかわりが増えていくような姿もある。ときには、お気に入りのさまざまな玩具を持参することが増えることもある。お気に入りのアイテムがそばにあることで、子どもたちが泣かずに安定して過ごすことができるように、そんな思いから子どもが片手にお気に入りのタオルを握って過ごす、という姿は誰しも見かけたことがあるだろう。果たして、それは本当に子どもの安心のための「アイテム」なのだろうかと思った。

　そもそも、アイテムを必要とする子への保育者・保護者の願いはどこにあるのだろうか、ということを予測して考えてみました。

保育者の願い
- 安心して園生活を過ごしてほしい
- 園で出会うたくさんのことに親しみ、楽しんでほしい。
　では、子どもの願いはどこにあるのだろうということを考えた
- たくさん遊んで、たくさんの出会ったものにかかわりたい

学びがつながる多様な研修方法　103

保護者の願い

● 子どもが泣いて登園するのは不安
● 少しでも泣かずに過ごさせてあげたい
● そのためにアイテムを持たせたい

　子どもにとって必要なアイテムなのか、保護者にとっての安心のためのものなのか。「泣かずに」は子どもにとって安定なのかという視点で考えることとし、グループに分かれ、対話を行いました。対話した内容は以下の通りです。

対話❷

● 子どもにとって、アイテムは必須ではないこともあるのかもしれない。
● 保護者にとっての「安心」なのではないか。アイテムを許可することで「受け止めてもらった」という保護者の安心感につながるのではないか。
● アイテムがあって、泣かないと安心するのは保育者なのではないか。
● 泣かせたくない思いは、保育者の気持ちのなかに大きくあると思う。
● 子どもにとって、保育にとって、アイテムとは何か、子どもや保護者に寄り添うとはどういうことなのか、考えさせられた。
● 保育者の専門性として、アイテムに頼りすぎるのはよくないのではないか。
● 保育にも工夫をしながら、何を子どもに経験してほしいのか、バランスをとっていくことが必要だと思う。
● 泣いている子を見ていると保育者が焦ったり不安になったりする。しかし、別に泣いてもいい、泣くことにも意味があるということに改めて気づいた。
● 保護者の思いの受け止め方だと思った。「子どもが」と、保護者は話しても、そこに保護者の「私が」（不安）が含まれているのではないだろうか。
● 保護者の不安についてはつかみにくいので、丁寧にかかわる必要を感じた。
● 泣き止むことは安定なのかを考えさせられた。泣き止んで安定したのは子どもではなく、保育者ではなかっただろうか。

- 泣いている子を見て何とかしてあげたいと思うが、子どもの様子をよく見て求めているものを探っていきたい。
- 1つの物事に対してのとらえ方や考え方は1つではなく、答えは何通りもあってよい。その答えに対して、どう考え、さまざまな側面からとらえ、議論を交わしていくその過程が大切であると改めて感じた。

エピソードと対話から考えたこと

- 園に持ってくるものについて、さまざまな視点から考えることができ、とてもおもしろく感じました。
- 子どものためにアイテムを持たせることは当たり前のように思っていましたが、実際のところ、泣いている子を見て焦ったり不安になったりしているのは保育者ではないかと気づかされました。
- 私たち保育者は、子どもを泣き止ませるために力を尽くすのではなく、泣いてもいい、泣くことにも意味があるということに改めて気づき、子どもの思いを受け止めることの意味を考えさせられました。
- アイテムが象徴する不安には、保護者の不安が含まれているのではないかということにも気づかされました。保育者は子どもの不安を考えますが、保護者の不安についてはつかみにくい現状があります。大人は子どもを支える環境となるため、保護者の不安にも丁寧にかかわる必要性を感じます。
- お気に入りアイテムを通して、子どもにとって、保護者にとってどうなのかということを考えながら、保育者にとって、保育にとってそれがどうな

のか、ということもよく考えなければいけないと感じました。

● 日々の保育にある当たり前は、自分一人では思いつかなかったような視点をもつ人がいることで感じ、そのことを保育者一人ひとりが丁寧に考えなければいけないのです。

5 多様な立場の人が集うこの研修会の意味とは

この研修会では、園を超えて、役職関係なく話せるのが醍醐味です。経験の浅い職員も、主任も園長も一緒に話し、同じ目線で語り合います。すると、「こんな価値観があったんだ！」という相手の価値観にも、自分の価値観にも気づけるのです。そして園内の話し合いでは、保育者の人間性を汲み、わかり合っているからこそのチームワークや同僚性が生まれるのですが、この勉強会では園をまたいで、または地域や自治体をまたいでの参加になるため、「これってどういうこと？」「このときどうしたの？」とさまざまな人が聞き、それに応じるやりとりが必要不可欠です。そこから生まれる新たな「知る」に出会うことも、この研修会のおもしろさです。

自分の園では当たり前でも、他園の人の視点から見ると違うということがあります。園内だけでの限界を打ち破れる会となっていると言っても過言ではありません。それを実践に活かせたら、この勉強会の存在意義があると考えています。他人の事例が他人事ではなく、自分の身近に迫り、自分の課題となる場は貴重です。こうした勉強会で大切なのは、自分語りで終わらないことだと考えます。称賛や不満を述べるのではなく、自分の考えを伝え合う。そして自分が何を学びたいかを持参して参加することが大切です。

研究会で次のような感想を寄せてくれた保育者がいました。「保育者であれば正しい方向に導きたいと当然願います。そのため、自分の考える方向性に、ついつい子どもたちの遊びを導こうとしていることがあるのではないかと、自分の保育観を振り返ることになりました」。

専門職である私たち保育者は「保育のことを考える専門家」であることを自覚し、保育的な視点から子どもたちとの時間を検証していく必要があります。保育を語ることで承認欲求を満たすためだけの会では終わりたくありません。気の合う仲間とのただの意見交換ではなく、新たな自分との出会いに期待できる研修会でありたいです。

語り合いをしていくなかで、参加者のなかには自分の癖などに気づき、少なからずショックを受ける人もいました。この「ショック」という気持ちを体験できたことは、とても大きな体験だと考えます。つまりは揺らぐ気持ちを体験できたのですから。

　そこにこそ、子どもと大人の思いの「ずれ」が生じるのです。実践を振り返ってみると、このずれに気づける瞬間は怖くもあり、保育の楽しさ・深さ、心底おもしろいと感じる瞬間でもあります。保育は子どもたちとともに考えていく行為ですが、子どもの思いを完全に感知することはできません。しかし、感知しようとする行為をもう一度振り返ることがいかに大切かを感じます。

　自分の枠に気づき、ショックを受けた参加者もいましたが、それはとても大きなことです。そうした枠組みや自分の価値観を知ると、相手も知りたくなります。「あなたは？」と当然聞きたくなるのです。己を知ることは他者を知ることにつながります。そこに気づけたことは今後の大きな力になるでしょう。今後も、新たな自分との出会いに期待して、この会を大切にしたいと思います。

事例9 **横浜市幼稚園協会特別研究委員会**(神奈川県横浜市)

ハイブリッドで語り合う研究会

2020～2022年頃、新型コロナウイルス感染症の状況下では、保育者の集合研修は開催できなくなりました。保育者が学び合う機会を積極的に提供し続けていた横浜市幼稚園協会でも研修機会の縮小や中止を余儀なくされていました。しかし、「どのような状況でも、子どもたちのために、保育者たちのために、学びの火を消してはならない」という強い思いが湧き起こり、オンラインでの研修の方法の模索が始まりました。

「聞くだけ」という受け身な姿勢ではなく、「子どもと遊ぶこと」「子どもの姿をよく見ること」「気づきを語り合うこと」「書き込むこと」など、主体的に学び合うことが大きな目標でした。語り合いをオンラインでも行いたいという願いを運営メンバーの一人Y先生が実現してくれました。そこには試行錯誤の歴史があります。対面で語り合えるよさと、大きな行事を控えているときにはリモート開催だと園から参加できて参加しやすいなど、両方を組み合わせて行う研究会の可能性が出てきています。

1 横浜市幼稚園協会について

横浜市の幼稚園の特徴は、すべてが私立幼稚園であり、それぞれが特色ある建学の精神をもって教育を行っていることです。言い換えれば、横浜に住む幼児の教育は私立幼稚園に任されてきたということができます。その任務の重さを思い、横浜の幼児の幸せを願って、1961年、市内の私立幼稚園によって自主的に設立されたのが横浜市幼稚園協会です。

本協会では、幼稚園教育の課題解決に向かって長年、研究・研究活動を行ってきました。現在は250近い園が加盟し、幼稚園や認定こども園の教育・保育の質の向上を図るべく、さまざまな研究活動や研修活動を行っています。

本協会が行っている研究会・研修会には、園長・設置者研修会、教員研修会、教育研究大会、特別研究委員会があります。また、保育力キャリアアップ研究講座、カウンセリングマインド研究講座、幼保小の連携を図る研修会、新規採用教員研修会、父母セミナー等、現在の課題をとらえて、多様に展開

しています。

　横浜市では、保育の質の向上に向け、乳幼児期の子どもたちと日々かかわるかの基本になるものとして、「よこはま☆保育・教育宣言～乳幼児の心もちを大切に～」を2020年3月に策定しました。すべての保育者が、この宣言を理解して日々の保育で実践することで、子どものよさや可能性に気づき、家庭や地域の皆様と子どもの姿を共有したり、保育の振り返りに活用したりすることを目的として策定され、全国から注目されています。この宣言策定についても、本協会は大きな力を発揮しています。

2　特別研究委員会について

　横浜市幼稚園協会の取り組みの一つ「特別研究委員会」について、紹介していきます。

　特別研究委員会では、保育環境のあり方、主体性を育む保育、保護者との連携、インクルーシブな保育などをキーワードに、テーマに沿って、3つのグループ(特研1・特研2・特研3)で学びを深めています。

　テーマは違いますが、特研1・特研2・特研3に共通していることは、「子どもたちの姿や自分の保育について、保育者自身が語り合うことにより、明日の保育に新たな視点や彩りを加える」という目標のもと、月1回集まって語り合うということです。

　もう1つ共通していることは、「問い」をもつということです。保育のあり方について常に「問い」をもち、当たり前を疑い、新しい気づきを自ら得ていこうと意欲的に取り組んでいます。

　園も違い保育経験も違いますが、保育について学びたいという思いを共通にもつ仲間が集う研究会のなかで、熱い語り合いが重ねられてきました。

　写真を持ち寄って語り合い、気づきをポスターにまとめるなど、気づきを表す体験も重ねていました。

3 コロナ禍のなかでの対応

（1）研究会は休会となる

　2020年4月、新型コロナウイルス感染症による緊急事態宣言が発令されました。感染防止のために懸命の努力をするなかで、保育者が集まって語り合うことなど到底できない状況になったため、特別研究委員会の実施も見合わせざるを得ませんでした。

　休会して半年後の2020年秋、学び合いの機会を保障したいという考えから、オンラインでの研修会が始まりました。どのような状況でも「子どもたちのために、保育者たちのために、学びの火を消してはならない」という強い思いが流れていたように思います。

（2）研究会を再開するために可能な方法を探る

　特別研究委員会での学び合いは、グループに分かれての話し合いが必須でした。机を囲んで、各自が持ち寄った写真をもとに保育を語り合うことで自分の保育を見直すことにつなげる、ということを大切にしてきました。また、語り合いのなかで気づいたことが消えてしまわないように模造紙に各自が持ち寄った写真を張り込み、その周りに語り合ったことや気づいたこと、キーワードなどを書き込むことも大切にしてきました。「書き込む」ことによって、自分が考えていたことがはっきりとしたり、互いの気づきが重なっていったりすることで新たな気づきが生まれることもありました。

　このようにコロナ前では当たり前のように行っていたことがオンラインではできなくなってしまうという現状に直面し、考え込んでしまいました。「できない！」と思い込んでいた私たちを救ってくれたのは、情報系統に詳しいY先生（特別研究委員会の運営メンバー）でした。Y先生と私たちは、実行可能な案について検討していきました。

4 語り合いの軌跡を刻む研究会を
　対面とオンラインをミックスして実施

　2020年秋からオンラインでの研究会を数回開始し、2021年度、2022年度と経験を重ねるなかで、次第にオンラインでの研究会が安定してきました。

次第にコロナ禍も収まってくるなかで、2023度には9回の研究会のうち3回をオンラインで開催しました。自園から移動時間ゼロで参加できるというオンライン研修のよさと、実際に顔を合わせて語り合えるという対面研修のよさの両方を大切にした形です。「遊びのなかで、子どもたちは何を体験し何を学んでいるのか」について語る力を身につけたいと考え、さらに語り合ったことをポスター等にして「遊びのなかの学びの見える化」に挑戦することにしました。

　このような研修が成り立つためには、オンライン研修でも語り合いを行いたいという願いのもと、2020年秋から担当者を中心にオンライン研修のあり方を模索し、そのノウハウは次第に定着していきました。

5　オンラインで語り合いを深めるための手順

　オンラインはzoomを用いて行いました。もっとも難しかったのは、対面で行っていた「模造紙に写真を貼り付けてコメントを書き込む」という取り組みでした。オンライン上で同様のことができないかという問いを抱きつつ、試行錯誤が始まっていきました。以下が手順です。

（1）事前準備について

❶ zoomの招待状を作成し、参加者に送付する。

❷「Googleスライド」を用いて話し合い進める準備をする。

　「Google スライド」とは、Google版のPowerPointのようなアプリで、ファイルがサーバー上にあるため、複数人で同時に共同編集することができます。そのため、グループのみんなで語り合いをしながらコメントを書き込むことができます。具体的な手順は、以下のとおりです。

情報担当者が行う事前準備の手順

- Google スライドで当日使用するファイルを作成しておきます。一つのファイルでもページを増やすことで複数のグループで使用することができます。他のグループのスライドも見ることができるという利点があります。
- 参加者が多くアクセスが多くなりすぎると動作が重くなる場合があります。その場合はいくつかのグループごとにファイルを分けておくことで、トラブルを回避できます。

学びがつながる多様な研修方法　111

- 画像等をもとに語り合いを行いたいときは、事前に参加者から画像等をデータ（PDF、JPEG等）で集めておきます。
- 画像等を集めている場合は、ファイルにあらかじめデータを貼り付けておきます。
- 参加者がファイルを読み書きできるように、共有や権限の設定を行います。そして、参加者がファイルにアクセスするためのリンクをコピーしておきます。
- 当日使用する端末により、Google スライドで閲覧・編集するためにアプリのインストールなどが必要になるため、事前に参加者にも周知して準備しておいてもらいます。

その他
PC・iPad：ウェブブラウザ（Chrome、Safari等）で開く。
Android端末：「Google スライド」アプリをインストールする。
iPhone：「Google スライド」アプリをインストールし、Google アカウントを取得してログインする。

（2）研究会当日に行うこと

❶ zoomでオンライン研修を開催する。
　全員入室した段階で、全体での話をします。その際、グループ番号と園名、名前が正しく記載されているかを確認します。

❷ 参加者にチャットでリンクを伝える。
　ブレイクアウトルームに分かれる前に、参加者にはこのリンクをコピーしておいてもらうか、一度アクセスしておいてもらいます。

❸ ブレイクアウトルームに分かれてグループごとに話し合う。
　Google スライドにもアクセスしてもらいます。参加者は、zoomとGoogle スライドの両

方につながった状態になります。このとき、スマートフォンやタブレットを使用している場合はzoom上のカメラはオフになってしまいますが、音声はつながっていますので、Google スライドの画面を見ながら話し合いを進めます。

　Googleスライドには参加者が自由に写真のデータを貼り付けたりコメントを追加したりということが同時にできます。またページを追加することもできます。このようにして、オンラインでも、写真を持ち寄って保育を語り合い、記録として残しておくことができるのです。

　写真は、研究会のなかで語り合われた軌跡です。実際に作成されたスライドです。白いスライドの中央部分に、各自が提出したデータ（PowerPointなどで作成したもの）を事前に貼り付けておきます。これを、各グループ一人1枚作成します。

　ブレイクアウトルームに分かれたら、自分たちのグループのスライドを見ながら語り合います。ここが一番大切です。説明を聞いたあとに開いたスペースにコメントを記入していきます。

　次第に慣れてくると、それぞ

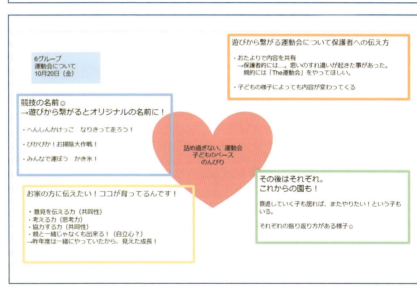

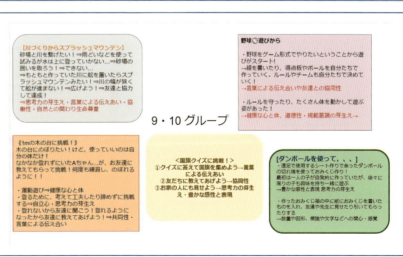

学びがつながる多様な研修方法　113

れのデータから画像を1枚程度移動させて、まとめを作成することもできます。まとめのスライドは文字だけを記入することも可能です。話してから記入したり、先に記入して語り合ったりなど、進め方はそれぞれです。

　前ページのスライドは「幼児期の終わりまでに育ってほしい姿（10の姿）」を拠り所として分析したときの記録です。画面を共有し、そこに随時書き込めることで、語り合いの軌跡が鮮やかに残り、学びが深まっていきます。

❹ 全体の場に戻り、作成されたGoogleスライドを見ながら各グループの報告を聞く。

（3）研究会終了後

　使用したGoogleスライドの共有設定を変更します。閲覧のみ可能にしておくと、参加者の振り返りに活用できます。

6 まとめ

（1）ハイブリッドの取り組みを振り返って

- 研究会当日にGoogleスライドのページに写真を貼り付けながら語り合いを行うと、写真を貼る作業に時間を取られ語り合いが深まりにくくなりました。担当者の作業は大変ですが、事前に提出してもらい、写真を集めて貼り付けておくと語り合いに集中しやすくなります。
- オンラインでも対面でも、コメントの書き込みに時間を取られると、話し合いが深まりません。書くことはとても大切ですが、そこに追われてしまうと、語り合いがおろそかになります。語り合いを大切にする運営が重要です。
- オンラインと対面、双方のよさを大切にして研究会を重ね、一年間のまとめとし

オンラインと対面で研究会を重ねて完成したポスター

て各グループでポスターを作成しました。生き生きした紙面から、ともに学んだ喜びがあふれています。対話することの重要性を実感しています。

（2）「ずれ」を活かした研究会の進め方について

各自が持ち寄った事例をもとに研究会を進めていく際には、互いの事例について質問をし合うことが大切になります。参加者が在籍している園は、それぞれに違う個性があります。保育の様子が、微妙にずれている状態です。このことを良さとして受け止め、質問し合い、それぞれが考えていること、実践内容について、語り合っていくことがとても大切です。

各園の実践例に触れることで、自園のあり方を考えるチャンスになります。違いは差ではなく個性です。さらに、その底には、共通する思いがあります。それぞれのあり方への尊敬の気持ちを常にもちながら語り合っていくことを大切にします。

オンラインの場合は、各園の保育室や会議室などから参加することが予想されます。具体的に物を見せたり、質問をし合ったりということも活発に行うことで、さらに気づきがひろがります。互いの様子に興味をもち、好奇心旺盛に対話することで、学びがひろがると考えます。

学びがつながる多様な研修方法　115

| 事例10 | ぎふ森遊びと育ちネットワーク（岐阜県全域） |

多様な保育観を育む
「ゴチャ混ぜ」現場交流研修
垣根を越えて交流しながら、
共通体験と振り返りで保育観を重ね合う

　「ゴチャ混ぜ」現場交流研修は岐阜県の有志が行っている研修です。文字どおり、公立も私立も無認可も幼稚園も保育所も認定こども園もゴチャ混ぜです。そして、全く普段どおりの日常の保育を互いに見て、互いに語ることが行われています。これが、とても貴重な機会になっています。まず、他園の保育を見ることはとても少ないでしょう。あっても同じ類型の園だったり、特別な公開保育の機会だったりが多いと思うのです。園は正直、「うちの園の常識は隣の園の非常識」というぐらい、考え方、形態、価値観、常識が異なります。それを目の当たりにするだけでも、日頃の自分たちが行っていた常識が揺さぶられます。そして、それを言葉にして語り合うことで、多様な意見の交換につながっていくのです。自分たちの保育を知るためには、井の中の蛙ではわかりません。お金も準備もいらない研修スタイルですので、この事例を読んで、有縁の園や仲間と始めてみてはいかがでしょうか。

1　背景

（1）森と子どもと森林文化アカデミー

　2007年に岐阜県立森林文化アカデミーの教員として赴任して以来、地域の豊かな自然を活かした野外自主保育「森のだんごむし」や、地域の保育園の自然体験サポート、保育士研修のお手伝いをしてきました。

　そうしたなか、現場の保育者と話をしていくうちに、ほとんどの保育者が、他の園の保育に触れたことがないという驚きの事実を知りました。

　いろんな料理を食べ歩いて、自分なりのスタイルやレシピを築き上げていく料理人と同じように、保育者もさまざまな保育に触れ、そこから自分なりの保育観を育んでいけたらどんなに素敵でしょう。

　事実私も、「森のだんごむし」を始める前に、さまざまな園を見てまわりま

morinos（モリノス）

森林文化アカデミー

した。異なる保育観やアプローチに触れるたびに、自問自答しながら自らの保育観を育てていったのを覚えています。そしてその保育観は今なお、異なる現場を見るたびに、揺さぶられ、常に変化・成長・熟成し続けています。

「外の世界をあまり知らない」という保育現場の状況を知ってしまったお節介な私は、県の組織として何かできないものかとムズムズし始めたのでした。

（2）「ゴチャ混ぜ」現場交流研修が、県オフィシャルでスタート！

2022年、森林文化アカデミーの敷地内に「すべての人と森をつなぐ」ことを目的とした森林総合教育センター「morinos（モリノス）」が誕生しました。

私は15年間の活動で築き上げてきたネットワークを活かして、公立園、私立園、森のようちえんの保育者や、市町村関係者（子ども福祉課や農林課）が垣根を越えて交流し、お互いのフィールド（森）を訪れ、子どもたちと遊びながら、ともに同じ時間を過ごして、それぞれの保育観を養うという「現場交流研修」を、県が主催する指導者スキルアップ研修としてスタートさせました。さらに、地元の大学の保育士養成課程の教授と学生もメンバーに加わってくれました。

行政（県・市町村）、保育現場（私立、公立、森のようちえん）、養成校（大学＆アカデミー）の三者が現場でゴチャ混ぜになりながら、森のなかで子どもたちとともに過ごして体験的を通して学び合う、そんなありそうでなかった、おそらく日本で初めての試みがスタートしたのです。

2 研修の概要

(1) 概要

　研修には現在、公立園が3市町村（22園）、私立園が11園、森のようちえんが5園、養成校が2校、行政担当者（市町村）が3市町村、県の林政部の約45もの異なる施設のメンバーに声がかけられています。年間5回程度開催し、それぞれの回のホストとなる園が年度当初に決められます。つまり、毎回異なるフィールドでの異なる保育が見られるということです。初年度は、同じ団体や市町村から2人ずつ参加することで、同じものを見て共有して現場に持ち帰るというスタイルをとっていましたが、現在は参加者が多くなりすぎるのを防ぐために、各市町村、団体から代表1名に限定しています。

　参加費は無料、弁当持参（ときには、園の給食をいただけることも！）で、森林総合教育センター「morinos（モリノス）」主催のスキルアップ研修という位置づけのため、保険は岐阜県でカバーしています。

　2024年からは、2019年に誕生したネットワーク「ぎふ森遊びと育ちネットワーク」が事務局を担当し、morinos（モリノス）との連携プログラムとして展開しています。

(2) 研修の流れ

　ホスト園によって多少は流れが変わりますが、研修は次のような感じで進みます。

❶各園の異なるフィールド（環境）を体感する

　研修当日、研修参加メンバーは朝9時半にホスト園もしくはフィールドの森に直接集合します。参加者同士、簡単な自己紹介をしてから、ゆっくりと子どもたちに合流します。

ナイフは子どもを成長させる

❷座学ではなく、森で子どもと一緒に過ごして体験から学ぶ

　大体10時から14時が活動時間になっていて、森で子どもたちが自由に遊ぶ姿を遠くから観察したり、一緒になって遊んだりと、研修参加者

は各自自由な参加スタイルで過ごします。子どもたちを観察しながら、今見ている子どもたちについて、そこから派生した自分たちの園についてなど、参加者同士、子どもたちを観察しながらいろいろなテーマに話を咲かせています。

❸共通体験をもとに、みんなでじっくりと振り返りをする

たっぷりと遊んだり観察したりしたあとは、大体14時頃から、その日に観察＆体験したことの振り返りを行います。野外や室内で車座になって、みんなで持ち寄ったお菓子でお茶をしながら、気づいたこと、エピソード、感じたこと、疑問に思ったことについて、16時くらいまで、一人ひとりが順番にコメントしながら、みんなでじっくり話し合います。

山の上に水を運ぶのもすぐ遊びに変わる

振り返りでじっくり保育観を重ね合う

❹一つの答えを出すのではなく、各自が感じたことを発言し学び合う

ここでは立場はみな平等。養成校の大学教授もコメントしますが、有識者の考えとして参考にはしてもらったとしても、決して一つの方向や答えに導こうとするものではありません。むしろ、各自が感じ取ったことを、自分の言葉でアウトプットし、共有し、学び合い、考え続けることに重きを置いています。何といっても保育観の多様性が重要ですから。

学びがつながる多様な研修方法　119

3 エピソードと気づき（参加した保育者の視点から）

　ゴチャ混ぜ交流研修の開始当初から参加してくださっている地元の公立保育園の保育者が本研修の様子を文章にしてくれたので紹介します。

　自然を活用した保育活動を行う既存の公立園・私立園、小規模保育施設、森のようちえんなど、園の形態や立場が異なるさまざまな保育施設・団体のスタッフが集まる現場交流研修は、どこにでもある普通の公立園で保育をしてきた私にとって、参加するたびに新たな保育の世界に触れることができる貴重な機会となっています。

　この研修が始まって2年。参加するたびに感じることや気づくことが異なり、毎回エピソードが尽きないのですが、今まで参加してきたなかで特に印象に残っているエピソードを1つ紹介します。

　ある園で、野外炊事の日を見学する回がありました。昼食が出来上がるまで、園児たちは思い思いに過ごしています（包丁で野菜を切ったり、遊んで待ったりとさまざまな選択肢がありました）。

　そうしたなか、年長の当番の子がかまどで火を起こし、米炊きをしています。これは年長の当番の子のみに任される役目で、その園で長年大事にしている役目だそうです。当番を任された数人の子は、自分たちで火を起こして米を炊き、みそ汁を作り、完成した昼食を他の園児に配膳までしてくれました。

　そんな保育を見たあとの振り返りで、「さすが年長ですね」「最後までやりきる姿が年長ならでは！」という感想が出るなか、ある参加者から「もし年下の子がやりたいと言ったら、どうする？」という質問があがりました。それに対し、

「年長の役目だから、年下の子には我慢してもらう」
「年長になるとできる仕事として、あこがれていてほしい」
「年下の子のやりたい気持ちに応えてあげたくなるかも」
「やりたいと思ったときこそ、やらせてみたい」
「難しいところ…すごく悩む」
「うちの園は年齢で区切らず、みんなでやっているなぁ」

「そもそも、なぜ年長だけがやっているの？」

などと、次々と声があがってきました。

この回では、この小さな疑問をきっかけにそれぞれの園の保育に対する考えや方針、日々の保育システムに関することなど、次々と話題が出てきました。私自身、年長がさまざまな役を任されることが多い保育システムのなかで働いてきたので、特に違和感なく見ていました。しかし、この疑問を投げかけられたときに、自分のなかにある保育の"当たり前"という感覚を突かれたように感じました。結局、自分のなかで疑問に対するはっ

森の中で大人も子どもも同じ目線で過ごす

焚き火の周りで一緒に楽しむ

きりとした答えは出ないまま振り返りの時間は終わりましたが、参加者の声を聞くうちに、さまざまな選択肢があることを知り、今までのやり方にこだわらず、多様な選択肢をもって新しい考え方で保育することもおもしろいのではないかという気持ちが生まれてきました。

その日の保育を通して感じた1つのエピソードに対して、参加者同士でじっくりと語り合えることがこの研修の醍醐味です。

「うちの園では○○だけど、他の園は△△なんだ」というずれや違いの感覚は、参加者全員で保育を見て、肌で感じて、その思いや気づきを共有し合うからこそ生まれるものだと思います。公立園、私立園、小規模保育施設、森のようちえんなど、立場が異なる多様な参加者がいれば、その感覚はより強く感じられるのではないでしょうか。

○○と△△。そのずれや違いは大きい

森の中でのんびりと

学びがつながる多様な研修方法　121

ものや小さいもの、自分の保育観で受け入れられるものや受け入れがたいものなどさまざまですが、現場交流研修を通して感じた多くのずれは、私のなかで自分の保育を見つめ直す大切なきっかけになっています。

　園の文化や伝統、保育の考え方や進め方など、気づかないうちに自分のなかに落とし込まれ、その保育が"当たり前"だと認識しがちです。しかし、一歩外に出ると全く異なる文化や伝統の保育があり、さまざまな保育観をもった保育者がいます。

　目の前の保育だけにとらわれず、多様な形の保育に触れる。
　多様な価値観の保育者と出会い、語り合う。
　語り合いで感じたずれから、目の前の保育を見つめ直す。

　こうした研修を繰り返すことで、保育の"当たり前"から抜け出し、新しい保育と出会え、自分の保育観を豊かにしてくれると思っています。

見つけた！見つけた！

大人がわがままに遊べば子どもも遊ぶ

大人も子どもも一緒にワクワクする

4　2年間の実践で見えてきたこと

　本研修を始めてまだ2年ですが、保育者からの評判もよく、おそらくこうした場は全国に必要なんだろうなぁと思い始めています。
　これまでに合計10回（参加者のべ約250名。ホスト園の園児込みだと約600名）の実

践のなかから見えてきた「現場交流研修」の成果と可能性について、研修の振り返りや事後報告をもとに、以下にまとめてみました。

❶森のなかで園児が自由に遊ぶ姿をリアルに観察し、体験することで、頭ではなく体感的に理解できるので、保育者が自分の園に戻ってからすぐにそれを実行しやすい。

❷参加者同士が共通体験をもとに語り合い、多様な保育観を重ね合わせることで、答えが一つではないことを知り、自らの保育観や芯を醸成し始めるきっかけとなる。

❸他園の保育者と交流することで、同じ境遇や悩みについて相談し合ったり解決策を見つけ出したりできるよい機会となる。

❹リアルな環境下で活動することで、リスクマネジメントについて現場で確認し合うことができ、身につきやすい。

❺普段の保育では余裕がなくてなかなかできないが、本研修では一人の子どもをじっくりと観察することができるので、子どもについて今まで以上に深く知ることができる。

❻養成校の学生とホスト園とのよいマッチングの機会にもなる（保育者離職率低下につながる）。

❼同じ方向に向かう仲間の存在を知ることで、心の大きな支えとなる。

❽異なる環境下で子どもの自由な遊びを観察することで、場の重要性より、かかわり方、見守り方の重要性に気づくためのよいきっかけとなる。

朝のショート自己紹介

学びがつながる多様な研修方法　123

5 みんなどんどん混ざっちゃえ！
「ゴチャ混ぜ園交流」のススメ！

　今回紹介したゴチャ混ぜ現場交流研修。効果も可能性もたくさんあるのに、とても気軽に始められちゃうんです。だったらやらなきゃ損！

　以下のポイントを大切にしながら、明日からでも始めちゃいましょう。

❶形式にこだわらずとにかく始めてみる。
　1人からでも、2園からでもOK!

　「こうでなきゃいけない」とか、カタチやサイズにこだわらず、とにかく始めることが大切。二人がお互いの園に遊びに行く程度から始めていくのでも十分！　様子を見ながら、少しずつ仲間を増やしていけば無理なく始められます。

❷「明日見に行っていい～?」みたいな気軽に行き合い、
　見せ合える関係性

　誰かが見にくるからって、準備は禁物！　普段のありのままの姿をお互いに見せ合える関係性が理想的です。子どもたちだってそんな姿をしっかりと見てるはず。オープンマインドでいきましょう！

❸大学、行政、地域の人などなど、身近な人たちを
　どんどん巻き込んじゃおう!

　保育の現場は保育者だけで作っちゃもったいない！　保育園を支えている行政や大学（養成校）、地域の人などどんどん輪をひろげていきましょう。みんなで共通体験することで、共通言語が生まれ、夢の保育環境の実現がスムーズに進むでしょう。

❹真面目にやろうとせずに、テキトーにやっていく気持ち

　研修と名前がつくとついつい真面目になりがちですが、そこは肩の力を抜いてリラックスした適当な雰囲気でやりましょう。そうすれば快適な学びの環境が生まれてきます。そして、子どもたちの世界もググッと近くなるはずですよ。

❺違いを楽しみながら、ざっくばらんに感じたことをどんどんシェア！

　違いをしっかりと楽しめれば最高！　自分たちの保育と何が違うのか、なぜ違うのか、自分たちだったらどうするか、そこに本質が隠されているかもしれません。そして、振り返りのときには遠慮せずに感じたことや疑問をストレートに表現しましょう。忖度は禁物。ざっくばらんな会話がこの研修のキモです。

❻ひとつの答えやあり方を求めず、永遠に問い続け、試し続ける

　誰かが導いてくれたり、「答え」や「正解」があると楽だし安心ですが、体験したことについて話し合い、考え続け、自分の考えを疑い続け、観察や試行を続けることが大切。専門家やそれっぽい人!?　の発言、ネットや本の情報もいいけれど、今自分の目の前で起きているリアルな出来事をしっかり感じ取って、そこから学びや気づきを得ていきましょう。

事例11
研修方法の実践提案：**株式会社保育のデザイン研究所**（神奈川県藤沢市）
実践例：**社会福祉法人聖光会**（東京都武蔵村山市）

課題に向き合い、「変わる」につながる研修方法を企画

　保育者の確かな学びにつながる研修を企画し実践している研究所の研修例です。そこでは、「まず園に訪問し現状把握を行う」という事前相談の段階から、実は研修がスタートしていることが見えてきます。一見すると場が整えられていて困っているようには感じられない環境があり、自由に取り組める場所を作り出そうと努力していても、子どもたちの姿を見ていると環境と子どもたちのやりたいことの間のずれが見えてきます。そこから研修計画が組み立てられていきます。園の環境、保育者たちの思い、子どもたちの願い、それらをしっかりとらえ、その間のずれに着目し生まれてくる研修は、確かに「変わる」ことにつながっていくのではないかと思われます。

　文中にある「保育者たちの意欲を感じ研修の方向性が定まる」という言葉から、研修の主体は保育者一人ひとりなのだということを強く実感させられます。保育者の育ちを支える研修がここにあります。

1 保育のデザイン研究所について

　株式会社保育のデザイン研究所は、「保育現場における課題を改善し、質の高い保育を目指したいと考える保育者や法人のお手伝いをしたい」と考え、2016年に設立されました。

　保育現場における課題には、「子どもへのかかわり」「発達に合った環境構成」「行事や一日の流れの見直し」など、保育その

図3-1　質の高い保育を目指すためのサポート体制

ものへの改善を図りたいものもあれば、「職員間の人間関係」「業務負担の軽減」など保育者自身の働き方の見直しなどもあり、非常に多岐にわたります。

　社内の研究員は、それらの多様な課題に対して、それぞれの分野の専門家の先生とのネットワークを構築し、集合研修、園内研修、オンデマンド研修等、さまざまな手法を用いて、組織がよりよい方向に「変わる」ために効果的な研修を提供できるように努めてきました。

2　研修依頼の背景について「聴く」ことから始める

　理事長や園長・主任等、法人や園をマネジメントする立場の方より、「こんな研修をしてほしい」というご連絡をいただくことから、その法人や園との関係がスタートします。

　依頼を受けたら、そのテーマに至った経緯や状況をよく聴いてから内容の詳細や実施手法について企画します。それは、依頼者の思いと受講者の実態の間に、「ずれ」があることが多くあるからです。

　例えば、ある法人の経営者より「ドキュメンテーションを導入したいので、書き方の指導をしてほしい」という依頼がありました。ところが、受講する保育者は「ドキュメンテーション」という言葉を聞いたことがないだけでなく、日頃の保育を写真に収めることもしたことがないため、写真を撮って保育に活かすことの意義や目的を理解して活用するには、かなりハードルが高いテーマでした。

　園内研修の重要性がいわれるようになって久しいですが、実際には外部からやってきた講師が園内（法人内等含む）での研修を実施するには、受講者の視点に立ってみれば、時間的にも心理的にもゆとりのないケースも少なくありません。その状況では、「学びたい」という気持ちより負担感のほうが大きくなり、「やらされ感」を抱いたまま研修を受けても実践に結びつかないことが予想されます。

　少しでも受講しやすい環境が整えられ、受講者のワクワク感や、よりよくあろうとする気持ちにマッチし、「ドキュメンテーションについて知りたい」「子どものことをもっとよく見て記録を残したい」「写真をもとに保育をもっと考えたい」など、学びたい気持ちに応えられる企画をすることが重要だと考えています。

学びがつながる多様な研修方法　127

3 研修を企画する際に大切にしていること

効果的な研修実施のために大切にしていることは、次のようなことです。

❶依頼者の要望だけを聴いて、そのまま通り一遍の研修をするのではなく、その課題が浮き彫りになってきた経緯を知ること

❷現状の組織の状況や保育の基本の理解度、実際の保育の様子などを事前に可能な限り把握すること

❸研修効果を急がず、受講者が自ら改善していこうという気持ちが芽生えるようなプロセスを大切にした研修を提案すること

❹計画どおりにいかないこともあるので、受講者の状況を依頼者と共有し、必要に応じて柔軟に計画を変更すること

これらを心がけながら、実際に行った研修の一例を紹介します。

4 実践例（社会福祉法人聖光会の研修）

(1)「子ども主体の保育を実現したい」という思いが出発点

2018年に理事長から相談を受けました。70年以上歴史のある法人で、当初は都内に3園運営していました。特に2園は大規模で、戦後から熱心に行ってきた保育の習慣が残っていました。これまでの保育は、保育者が内容や時間を決めて、「こう育ってほしい」という大人の願いを叶えるために努力していたような保育だったと聞いています。

2015年頃より「時代に合った保育にしていこう」という理事長の発信のもと、子ども主体の保育を実践している園に見学に行ったり、その園の手法を真似たりしながら、試行錯誤してきたとのこと。しかし、「やれることはやってきたが、これ以上何を変えたらいいかわからない」という状況に陥ってしまったということでした。

(2) どこから研修をスタートさせるかを探る

まず園に訪問し、現状把握を行いました。一見すると、場が整えられており、困っているようには感じられない環境でした。「製作活動」や「ままごと」が自由にできたほうがいいと学び、そのような場を生み出そうとしている様子も見られ、変化のための努力をしているということが伝わってきました。

しかし、子どもたちの姿を見ていると、環境と子どもの願いがマッチしていないのではないか、ということが気になり始めました。子どもたちは遊んではいるのですが、そこにある物に飽きているような印象も受けました。

保育者への聴き取りから、見学した園の環境を真似てみたものの、手応えがあまり感じられず、長続きせず従来の保育に戻りやすいことがわかりました。

その背景としては、全職員に改善の目的が共有されていなかったということ、そして保育の原理の理解、子どもの姿をとらえる視点や評価が、保育者個々の感覚に任されていたことによるのではないかと考えました。実際に尋ねてみると、保育所保育指針を長らく開いていない保育者が多くいました。

通常、研修を行っているとそれは珍しいことではなく、保育の営みと指針が重なっていない現状があります。保育の原理を理解していないと、子どもの姿を把握するにも、その姿から環境を構成するためにも、土台がなく個々の感覚に頼ることになります。個々の感覚は大切ですが、それだけでは職員間にも、子どもとの間にも「ずれ」が生じやすく、その「ずれ」に気づかないまま一部の保育者の思いだけが尊重されがちになります。

そのため、研修を組み立てる際には、必ず指針への理解度を確認し、土台作りから始めるようにしています。

（3）保育者たちの意欲を感じ、研修の方向性が定まる

保育者からは「変化したい、させたい」という気持ちがあること、「こんな方法や環境を真似してみたい」と考えられていること、「やってみたいと思ったこと」には臆することなくチャレンジしていることなど、現場のよりよいほうに向かおうとする力を感じ取ることができました。

そこで、今変わろうとしている思いやエネルギーを存分に活かすためにも、改善の方向性や展開をイメージを共有したうえで、「子どもの姿をよく観る」ことからスタートすることにしました。そして、楽しく保育をしている皆さんに、「研修が難しい」「今の保育を否定されている」という感覚を抱いてほしくなかったので、気持ちを楽にして取り組めるよう意識しました。

また、職員数が多く、共有が難しいことを鑑み、一人ひとりが考えをもち、語り合って保育を改善できる組織づくりを目指せるようにしました。

さらに、それぞれの園の課題にふさわしい専門の講師を招いたり、当社のオンデマンド研修を用い、それを題材に話し合う等、多様な手法を用いまし

た。次に法人内の各園共通で行ったワークを紹介します。

（4）研修の実際

ワーク1:「子どもの今」を読み取ろう（15分程度）

「子どもの姿が指針に書いてあることと重なる！」という実感をもってほしいと願い生まれた方法

日頃、なにげなく目にしている子どもの姿を気軽に書き出し、その姿から育ちを読み取るという体験ができるワークです。

このワークのポイントは、「一人ひとりの見え方や感じ方に価値がある」という点です。参加者のなかには、自分の意見が合っているかを気にして、緊張する人もいることを必ず意識して行うことが大事です。考えの「ずれ」を楽しむマインドを大切に実施できるとよいと思います。

やってみよう！
この研修が目指すもの・期待される効果
- 一人ひとりが観ている子どもの姿を重ねると、多様な視点でとらえられるというよさを感じる。
- 「自分の意見を聞いてもらえた」「他の人の意見と重なった」等、語り合いに意義を感じる。

ステップ❶
右図のような「3視点」「5領域」「10の姿」の関連図をA3用紙に用意する。手書きでよい。

ステップ❷
3、4人ずつのグループに分かれる。
※同じ年齢の担当同士で行うと、クラスの計画につながりやすく、カリキュラム会議に活用されている例もある。異年齢や多職種のグループにすると、発達の連続性に気づいたり、予想外な視点に出会えたりする利点がある。

図3-2　3視点・5領域・10の姿ワークシート

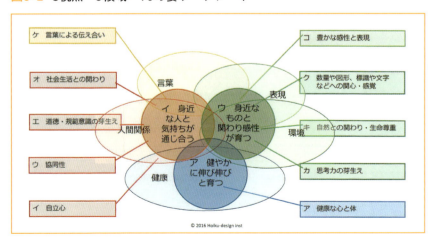

ステップ❸（2分）

最近の「〇〇な子ども」の姿を思い出して、その様子を1cm幅の小さめの付箋に、各自1枚に1つ、数枚書き出す。

※〇〇に当てはめる問いは、そのときに深めたいと考えているものを設定するとよい。「この一週間の」「〇月の」などの期間や、「砂場で」「散歩で」等の場や内容など自由に設定できる。

ステップ❹（3分）

一人ずつ発表し、「3視点」「5領域」に当てはめてみる。

※黙々と貼っていくとおもしろくないワークになるので、「ここかな」「こっちかもしれないよ」とみんなで意見を伝え合い、多様な考え方を楽しむ。その際に、指針を片手に「第2章 保育の内容」を見ながら貼るとよい。

ステップ❺（5分）

次にその付箋を「10の姿」に重ねていく。

※「10の姿」は誤って理解されていることがあるため、指針を読みながら進めると、意外な発見があって急速に理解が進む。

ステップ❻（5分）

貼り出してみて、気づいたことや考えたことを語り合う。

※最後の語り合いが重要。見えてきたことから語ることで、どのような保育をしていきたいかが共有できるようになる。

ワーク2：『保育BOOK』を作ろう（月1回程度、5、6か月）

主任・リーダーを中心に、迷ったときに戻りやすい、指針をベースにした法人の理念を共有するための冊子を作ろうというチャレンジ

「自分がこうしたほうがいいと思っていても、相手に伝えることが難しい」「自分の考えが間違っていないのか不安」という主任の声から「保育の見える化プロジェクト」と題し、言語化をすることにチャレンジしました。いくつかの法人で行ったプロジェクトですが、コンセプトもまとめ方もいろいろ。その法人ならではの『保育BOOK』が出来上がります。

やってみよう！

この研修が目指すもの・期待される効果

自分たちの保育について、「指針を片手に」語り合うと、言語化でき、共有

学びがつながる多様な研修方法　131

しやすくなることに気づく。
- 写真を使ってわかりやすくまとめることによって、目指したいことを全職員が具体的に考えやすくなる。

ステップ❶ 1回目（30分）

「法人が大切にしていること」って何だろう。個人が思っていることを付箋に書き出し、似た者同士を集めてカテゴリーを考える。そのカテゴリーを3、4つに絞りグループを作る。この法人では、乳児保育の3視点をヒントに「心と体」「人とのかかわり」「物とのかかわり」の3グループに分かれた。

※掲げられている理念などを改めて振り返り、語り合う機会にする。

ステップ❷ 2〜4回目（各回2時間）

2回目は「0歳児」、3回目は「1、2歳児」、4回目は「3〜5歳児」について、毎回各グループのテーマに沿って象徴的な子どもの姿の写真を持ち寄ってくる。
❶「大切にしたいこと」を付箋に書き出していく。
❷指針「第2章 保育の内容」のなかで各グループのテーマに関する部分を読み込んでいく。写真から見えてきたことと、指針と重なっていると気づいたり、「これが大切」と思ったりしたポイントは、付箋に書き出していく。
❸各写真のエピソードから語り合ったこと、気づいたことなどをまとめる。

ステップ❸ 5、6回目（2時間）

これまでに集まった写真やエピソード、大切にしたいポイントなどをまとめる。デザインや構成も相談しながら形にしていく。

完成した冊子は、職員に意図と使い方を解説し、ときどき大切にしたい考え方を振り返るために用いることが重要。

ワーク3：「発達の姿」を踏まえて環境を改善しよう（30分程度）

職員全員が指針の内容を理解し、子どもの姿に即した環境を考えることを目指したワーク1の進化版

子どもの姿を読み取ることができるようになったものの、「職員

図3-3 人とのかかわりに関する事例

社会福祉法人聖光会 保育BOOK
『わくわくする保育ってなんだろう』より抜粋

がどのような環境にしたらいいかを考えることが難しいようだ」という声が主任から上がるようになりました。そこで、「指針を片手に保育を計画しよう」を合い言葉に、「3視点」「5領域」をヒントに、保育環境の計画を立てられるようにしました。

やってみよう！
この研修が目指すもの・期待される効果
- 子どもが今、興味・関心をもっていることを把握し、その姿から次への発展について考えられるようになる。
- 「ままごと」「製作」などの環境を、子どもが今やりたいと考えていることを踏まえ、工夫できるようになる。

ステップ❶（3分）
「今、子どもたちが特に興味・関心をもっていることを付箋に書き出す。

ステップ❷（5分）
グループ内で共有し、それぞれの視点でとらえている子どもの姿を語り合う。
※クラス単位で行うことで、具体的な保育計画につながる。
※できる限り、パート職員など同じ年齢の子どもにかかわるメンバーで行うとよい。

図3-4　保育所保育指針 第2章 保育の内容 ねらい及び内容より抜粋

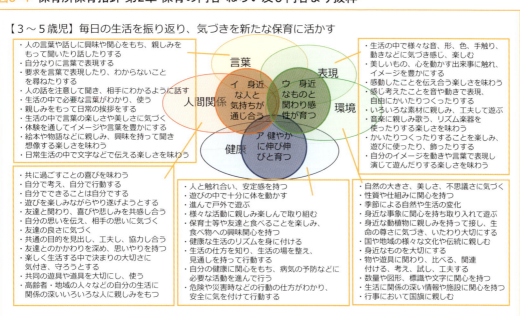

ステップ❸（10分）

共有した姿を思い浮かべながら、指針の「第2章 保育の内容」より、「3視点」「5領域」について該当年齢の部分を読んでいく。当社の研修では、ワークが短時間で行いやすいように、数ページにわたる内容を1枚で俯瞰できるようなワークシートを作成し、使用している。「この姿が見られている」と思うものに〇印を、「この先、チャレンジしたい」と思ったものには「希望の星を」というイメージで☆印を付けていく。

※正誤を見つけ出す視点ではなく、今後の多様で豊かな体験につながるようポジティブに語り合う機会とする。

ステップ❹（10分）

すべてを見終えたら、気づきを語り合い、〇を付けた内容にはより充実した活動になる環境を、☆を付けた内容にはどんな環境があるとその体験が促されるかを考える。そのなかで、実現できそうなものを決めて、すぐにできる計画を立てる。

※大がかりなものを作ったり、高額のものを購入したりするのではなく、今あるもの、すぐできるものから始める。

（5）研修の成果

研修を重ねるごとに、失敗を避け、念入りに準備をする保育から、子どもから生まれてくるものを大切にし、即応的に環境を工夫するように変化してきました。

これらの研修の中心となってきた主任たちは、今では「指針を片手に保育する」ことが当たり前になっており、職員の記録や計画のサポートを積極的に行いながら、園全体、法人全体の質の向上を目指しています。

保育者からは、答えを求める質問が減り、考えやチャレンジしたことについての相談や報告が増えました。何か問題が生じても、解決しようとする意欲や乗り越えられるという見通しをもって取り組んでおり、自園の力で改善していくサイクルが急速に回り始めたように感じます。

その背景として、法人が一貫して失敗を恐れずチャレンジすることを応援

し、心理的にも安心できる環境を守り続けてきたことが、保育者一人ひとりが臆することなく試行錯誤していくことを支え、組織全体の伸びやかな成長につながっていると考えます。研修は、法人と保育者と講師が一体となって取り組むことの重要性を実感しています。

4園が子どもの思いを受け止めた即応的な環境づくりを始めて5年が経ち、それぞれの園の特長的な保育に取り組み始めたタイミングで、「子ども研究発表会」という新しいチャレンジがスタートしました。1年を通して子どもの体験と育ちを見える化し、保護者にも伝える機会を年度末に設定することで、より充実した保育を行えるようにするというものだそうです。

ある園の園長からは、職員が自らこれまで研修で培ってきた視点や考え方を再確認しながら、子どもの姿と保育者の思いを丁寧に言語化する様子を聴くことができました。その様子から、しっかりとした基盤ができ、その園らしい保育が構築されていることを感じました。

5 研修の意義と課題

研修は、受講する立場の方々のなかにある学びの種に水や肥料をやっていくようなものだとイメージしています。同じ研修を受けていても、その芽が出るタイミングは同じではありません。水や肥料をやっても、かたくなに開かない芽が、ひょんなきっかけで開くこともあります。

そのため、研修は多角的にさまざまな手法やテーマで企画し、ワークなどを通して、多様な視点や考えに出会える機会を作ることが大切だと考えています。実際に講師や他の受講者のメッセージにより、保育者としての生き方や考え方に影響している例があります。「学ぶ」ということは、単に保育力を上げるだけではなく、人としての力を育み、子どもたちや保護者にも影響を与え、社会をよりよいものにしていくことにつながります。

とはいえ、単発の研修では学んだことが実践につながりにくいということも少なくありません。その1回が次の学びにつながるような工夫を心がけ、できる限り継続的な関係を紡ぎ、学ぶ機会が続くための伴走者でありたいと考えています。同時に、依頼者が自ら動き出そうとしたときは、その支えている手を少しずつ放していくタイミングも大切にしたいと考えています。

| 事例12 | 研修方法の実践提案：**宮里暁美**
実践例：**クオリスキッズ駒込保育園**（東京都文京区） |

「おや?」「は!」カードで語り合う研修方法

　園内研究会の意義を感じつつも、毎年同じような形で運営されると、次第にマンネリ化してしまうということはありませんか？ 「具体的な事例について考え合うのはおもしろいけれど、事例の説明をずっと聞いているだけになってしまう」という課題意識が生まれ、「もっと気軽に語り合いたい」「特別なときだけではなくて、日常的にできることってないのかな」という願いを抱いたことから、保育者たちが考え合い作り出した研修方法です。この研修方法を取り入れ、実際に行った園の実践例を紹介しています。どの園でもすぐに取り組むことができる研修方法として、方法やコツも詳しく紹介しています。

1 「おや?」「は!」カードでの語り合いの出会い

　東京都の公立幼稚園にクラス担任として勤務していたときのことです。全職員合わせて6名という小規模な園でしたが、そこでは、子どものことを話したい、保育のことをもっと考えたいという願いをもち、月に1回事例を持ち寄って話し合うという園内研究会を重ねていました。園内研究会のなかで行われる、環境や援助について語り合いを重ねる学び合いはとても有意義なものでしたが、年度が切り替わるときの振り返りで、園内研究会のあり方について見直したときに、以下のような意見が出ました。

- 具体的な事例について考え合うのはおもしろいけれど、どうしても事例を説明する時間が長くなってしまいがち。もっと気軽に語り合えたらいい。
- 特別なときだけにやる研究会ではなくて、日常的にできる方法ってないのかなぁ。

そんな思いを抱き、保育者たちで方法を考え合うなかで出てきたのが、以下の方法でした。

❶日々の保育のなかで出会った「おや？」という疑問や悩み、子どもの声や動きに「は！」とした発見や喜びを、はがきサイズ大のカードに記入する。そのカードの名前を、「おや？」カード、「は！」カードと呼ぶ。
❷カードと回収BOXを、職員室の片隅に設置する。
❸「おや？」と思ったり、「は！」っとしたりしたことを、それぞれのカードに記入し、BOXに入れる。
❹カードがたまったら、そのカードをもとに語り合いの研究会を行う。
（※大事にしたいことは対話すること。そして、気軽に取り組めるということ。子どもを理解するまなざしの共有です）

「もっと気軽に語り合いたい」という願いを抱き、保育者たちで考案した研修方法です。その後、私は研修会の講師をする際に、この方法を取り入れて研修を実施してきました。そのなかの一つ、クオリスキッズ駒込保育園で行った事例を紹介します。

2 実践例（クオリスキッズ駒込保育園 園内研修）

（1）話し合いをする前に行ったこと

1年の振り返りとして、3月に「おや？」カード、「は！」カードを使って園内研修を行いました。それぞれの保育者が、日々の保育のなかで気づいたことや不思議に思っていたことを書き留め、【「おや？」「は！」BOX】に入れていきました。

ある程度カードがたまったらそのカードを取り出して、紙の中央に貼りました。これを事務室の共有スペースに置いておいて、各自時間があるときに、思い思いの考えを記入していきました。

1枚の用紙に記載していくので、一度に集まらなくても空いたときに書き込んでいけます。書きながら、他の人の意見を読むことができるのがいいところでした。記入がいっぱいになったところで、園内研修会を開催しディスカッションを行いました。

学びがつながる多様な研修方法　137

図3-5 「おや？」「は！」カードの例

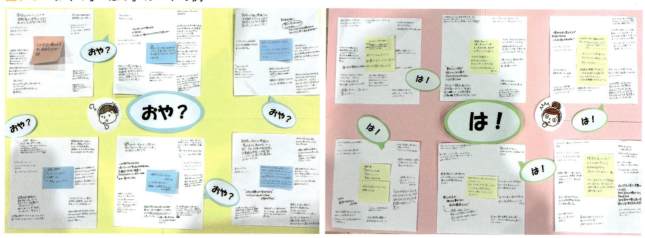

（2）園内研修会の様子

　司会進行は、以前に他の研修会で、「おや？」「は！」カードの研修を体験した職員が行いました。

　保育の毎日はあっという間に過ぎてしまいますが、その瞬間に感じていたことは心の中に留まっていました。

　「〇〇ちゃんすごいんだよ。みんなに伝えたい！」「こんなことがあったんだよ」と次々にエピソードが出てきました。「こんなこと言ったらおかしいかな？」という思いを乗り越えて、ありのままの疑問を「おや？」カードに記入し始めました。

　まず先に「おや？」「は！」カードに書くということがあるため、そこに素直に自分の気持ちを表すことができると、心が開放されていきました。率直な記述ができたのは、それぞれの気持ちをありのままに受け入れ合う仲間の存在が大きかったと思います。

　保育者にはそれぞれの独自の視点がありますが、それを他の保育者が「そうだよね」「それって、もっとみんなで話したほうがいいよね」と受け止めてくれるので、1人の思いだったのが、研修をすることで何倍にもなって心強く感じられました。

　「おや？」カード、「は！」カードをきっかけとして、身近な疑問やエピソードを語り合う時間は、互いの距離が縮まり、心がほっこりと温かくなる時間でした。

「おや？」「は！」カードで身近な疑問やエピソードを語り合う時間ができる

(3) 研修を終えての感想

互いを理解することにつながった
- みんなの意見を聞いて、改めて「そうだよなぁ」「自分も同じだなぁ」と思いました。
- 「おや？」カードについて話し合うことで、「日頃こういうことを疑問に思っていたんだ」ということを知ることができました。

自分の気持ちを整理したり悩みを解決することにつながった
- 自分の悩みをカードに記入し、みんなに話し合ってもらうことで、悩みの解決につながりました。
- 自分の疑問が、みんなの共通の話題になってうれしかった。
- 文字にすることで自分の気持ちが整理されて、まとめることができた。日常的にやりたいです。

研修に対する感想や今後への意欲
- はじめはどういうことをカードに書いたらいいのかわからなかったけれど、一度やってみると楽しかったのでまたやりたいです。
- 「これ、みんなに伝えたいなぁ」という思いを抱いたり、「こんなこと、発見しちゃった」と伝えたい意欲が生まれたりしました。保育の感度が上がるので"は？"と思えてきます。
- みんなの気持ちが動いたときに、気軽にメモして投函できるように、

事務室などにポストのようなものを置いて語り合えるように取り組んでいきたいです。

3 やってみよう！

「おや？」「は！」カードを使った研修の様子を紹介しました。

子どもの予期せぬ動きや言葉に「おや？」と思って立ち止まることや、「は！」っとして心が新しくなったりするということは、言い換えれば、「子どもの思いと自分の思いのずれに気づくこと」です。そこを大事にすることから学び合いが始まります。

この研修の底に流れているのは、「保育を見直し、新しく創り出していく」という姿勢です。どの園でもすぐに取り組むことができる研修方法です。方法やコツを詳しく紹介します。

図2-9 「おや？」「は！」カードを用いた取り組み

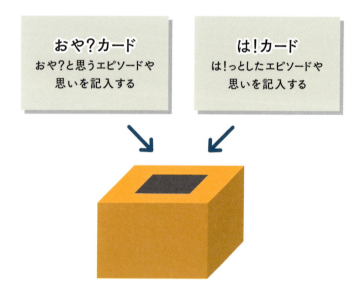

（1）「おや？」「は！」カード研修の期待される効果

- 子どものことをよく見て、子どもの声に耳を傾けることの大切さに気づくようになります。
- 感じたことをそのまま表したり、他の人のカードに対して多様に語り合いをすることで、自分の見方や考え方を新しくすることができます。

日常的に「おや？」「は！」カードに記入しBOXに入れ、研修会のなかで思うことを書き込んだり語り合ったりすることで、学びに対して積極的な園の雰囲気が醸成されていきます。

（2）研修を進める手順

ステップ❶

❶カード作成
・はがき大の紙を用意。
・紙の上部に、「おや？」カード「は！」カードと印刷。
・カード置き場を作る。

❷BOX作成
・園内で行うときは、カードを入れるBOXを作成し、職員室などに設置する。
・集合研修で行うときは、その場で5分程度の間に書くようにする。

❸カードにエピソードを記入
「おや？」カードには、疑問に思ったことなどを記入する。「は！」カードには子どもの姿に驚いたり発見したりしたことなど、心がほんわりしたエピソードを記入する。

おや？カード
おや？と思うエピソードや
思いを記入する

は！カード
は！っとしたエピソードや
思いを記入する

ステップ❷
4、5人ずつのグループに分かれる。いろいろな人と話せるように、幼児組、乳児組など、担当学年がバラバラになるようにする。

ステップ❸
それぞれのエピソードをB4〜A3くらいの大きさの紙の中央に貼り付ける。

ステップ❹（15分程度）
他の人が書いたエピソードを読みながら、感想をまわりに書く。

ステップ❺（5分程度）
自分が出したエピソードを各自手元に取り、エピソードに対してみんなが書いてくれたことを読む。

学びがつながる多様な研修方法　141

ステップ❻（20分程度）

　それぞれのエピソードについて、時間の限り語り合う。一人が複数枚出しているときには、どれかを選んで語り合うようにすることで、参加者全員のエピソードについて語り合えるように配慮する。

ステップ❼（1、2分×グループ数）

　各グループで語り合ったことを共有する。各グループ、1〜2分程度の時間で、報告する。語り合いのなかで、新しい気づきを得たこと。さらに考えたくなったことがあったエピソードを中心に報告してもらう。

（3）ファシリテーターの役割

　和やかなタイムキーパーとして、盛り上がってきたら少し伸ばしていくことをあらかじめ想定するなど、伸び縮みについて緩やかな気持ちをもっていることを言葉で示す。

ステップごとの配慮事項

ステップ❶……困っている人はいないかな？　と見守る。

ステップ❷……多様なメンバー構成になるように配慮する。

ステップ❸……わかりやすいことをしていると生き生きしてくるので、その様子を見守る。

ステップ❹……「いいね」「そうだね」といった一言で構わないので書いていこう！　と促す。他の人が書いたものに、つなげて書いてもいいと伝える。書き出せないでいるグループがないか、全体の様子を把握する。

ステップ❺……自分が出したカードに寄せられコメントを読む時間を大事にする。

ステップ❻……それぞれのカードについて、語り合えるように呼びかける。誰もが発言できているか、各グループの様子を把握し、必要に応じてグループの語り合いに参加し、語り合いの雰囲気づくりをする。

ステップ❼……話し合ったことをすべて報告する必要はなく、焦点を絞って報告しよう！　と伝え、時間が長くならないように進行する。

4 語り合いのなかに学びがある

　保育者は語り合いを好み、特別な仕掛けがなくても生き生きと語り合うことが予想できますが、その語り合いに新たな観点を付与する取り組みとして、「おや？」カード、「は！」カード研修を提案しました。

　保育のなかで浮かぶ小さな疑問について、心の中に留めておかずに表に出してみるきっかけとして「おや？」カードがあります。保育のなかで出会ったうれしい発見を、忘れないうちに共有するきっかけとして「は！」カードがあります。保育する日々のなかで出会う、小さな疑問や発見に光を当てて語り合うことで、保育者の心が開かれ、思索するきっかけになっていくように思います。

　保育のあり方について考え合う語り合いを行うなかで、保育者の積極的な姿勢が引き出されていきます。当たり前と思うことを見直す視点をいつももつことで、「感じる」力が引き出されていくと考えます。

事例7〜12を振り返って

　多様な研修方法に焦点を当てた研修例を6つ紹介しました。語り合いをしやすくする研修の工夫、園の実態に応じて進めていく外部研修の実際、オンラインでの研修、多様な立場の人が出会い語り合う多様な研修例です。これらの研修のなかで大切にしたいポイントを以下にまとめます。

1　出会いの輪をひろげることがとても大切

　さまざまな出会いのなかで学び合う研修例を紹介しました。大学のキャンパス内にある園の保育者同士（事例7）、同じ区にある園を中心とする保育者同士（事例8）という共通項を基盤に置き、まず出会うことから学びが始まっています。

　出会えばあいさつを交わす関係から、一歩深めて学び合う関係に進むためには、「共通に語り合うテーマを決める」「一緒に語り合う場を用意する」「語り合いの喜びを実感する経験を重ねる」などが必要でした。これらのことを、時間をかけて積み重ねるなかで、語り合う時間が「楽しみな時間」になっていきました。

　語り合いたくなるテーマとの出会いも重要でした。園の規模や保育のあり方は違っても、そこに登場するのが「子ども」である、ということは共通です。そして、子どものそばにいる保育者の心持ちにも共通するものがあることが感じられます。「子どものことをわかりたい」「同じように保育する人と語り合いたい」という思いを共通にもっているのです。違いを超えた共通項を胸にもちながら集まってきた、その事実が参加者の心をワクワクとさせているように思います。

　出会いの輪をひろげて語り合いの場をつくる際には、ファシリテーターの役割が重要です。ファシリテーターは、保育者一人ひとりの経験年数、担当学年、性格の違いを豊かな多様性であり可能性ととらえ、そのことを伝えていきます。違いとの出会いのなかでの気づきが貴重なものであることを言葉にし、参加者全員で学びをつくっていこうと呼びかけていきます。

　研修の場では、何が正解なのか、という正解探しが始まりがちですが、

「多様な見方や考え方を出し合うことが研修の目的」ということや「感じたこと、考えたことを率直に出し合おう」「他の人の意見に興味をもち質問して深めていこう」ということを伝えて、ファシリテーター自身も、「それで？」と質問したり「なるほど」とあいづちを打ったりして、語り合いやすい雰囲気づくりをしていきます。事例で、ファシリテーターの役割等について説明していますので参考にしてください。

2 「ちょっとやってみる」から始めてみよう！

　遊びと同様、研修においても、新鮮な気持ちで取り組むことはとても大切です。「いつもと同じ」というルーチンに入ってしまうと、気づきが固定化してしまいかねません。ですから、ぜひいろいろな研修方法にチャレンジしてみましょう。「おや？」「は！」カードで語り合うという研修方法（事例12）も、いつもの研修をちょっと変えてみようということから始まったものです。

　いつもとは違う研修方法を取り入れたときに心がけたいのは「新しい研修方法を楽しむ」「その研修方法のよさを見つける」という姿勢です。

　方法はあくまで方法です。その方法に則って体験を重ねるなかで、意味が見えてきます。意味を見つけられるかどうか、というのも、重要な資質の一つになります。新しい研修方法で研修してみて、いつもとは違う気づきに対する感度を上げましょう。「こんなことに気づいた」「こんなよさがあるってわかった」と、自分で獲得した新しい気づきを喜ぶ姿勢が大切だと思います。

3 「子どもへのまなざし」を中心において

　コロナ禍のなかでひろがった研修方法のなかに、zoomを活用したリモートでの研修があります。

　新型コロナウィルス感染症の感染防止対策として、集合研修ができなくなったときの閉塞感や絶望感のなかで、一筋の光のように登場したのが、zoomを活用したリモート研修でした。はじめは保育者たちも戸惑いのほうが大きかったですが、次第に慣れていきました。

　情報系の設定に詳しい先生が運営に加わったことで、対面研修とリモート研修を組み合わせた研修が実現した研修例（事例9）を紹介しています。新

学びがつながる多様な研修方法　145

型コロナウイルス感染症が第5類に分類されたことを受けて、集合研修が行えるようになってきましたが、リモート研修にもよさがあり併用する例が増えています。この例は、そのなかの一つといえますが、ここで大切にしたいのは、「子どもへのまなざし」を真ん中に置いていることと、「直接会って語り合えた」という実感からスタートするという点です。

　1年間の研修の場合、4、5月頃は対面で行い親しみを感じ取る。そして、園行事が多い10、11月頃にはリモートで行う、としています。このようなやり方も、リモートと対面を組み合わせた取り組みだからこそ可能になったと考えます。

4 保育者の豊かな学びを支える研修方法

　保育の「量」はほぼ充足するなか、保育の「質」が課題になり研修の機会は増えてきました。筆者も研修の依頼を受けることが多くありますが、そのなかで、1回限りではなく年2～3回など複数回研修を企画する例が出てきています。もっと学びを深めようという強い意志を感じます。

　そこでは、1回目の研修を受けて2回目を計画したり、1回目と2回目の間に園見学の機会を設定したり、などの工夫が見られます。研修担当チームが呼びかけて、事前に講師への質問事項を集めて伝えてくれることもあります。これらのやり方は、とてもよい方法です。園内研修の事例のなかでも出ていた意見ですが、特別なときだけ行う研修ではなく、日常的に保育について思いめぐらし語り合う風土を作っていくことがとても大切だからです。

　保育のデザイン研究所の取り組み（事例11）からも、「保育者の学びを支える」姿勢が見えてきます。実際に研修を行う日に向けて行っていることが「問いかけ」です。保育者と保育者、保育者と子ども、保育者と保護者など、さまざまな出会いのなかで語り合いが深められる、そのような豊かな学びを実現するために、まずはじめに行うのが「研修提供者から保育者への問いかけ」です。

　問いかけられ対話することによって、保育者は自分たちが何を学びたいのか、何に気づいていて何に気づいていないのか、ということが少しずつ見えてきます。研究所のスタッフは、これらの語り合いを受けて研修を組み立てていきます。研修とは、

このように、研修を提供する人と研修を受ける人が共同で作り上げていくものだ、ということがわかります。

5 多様な人が出会い学び合う研修の魅力

　ぎふ森遊びと育ちネットワークの研修（事例10）はとても魅力的です。研修を行っている場所が「森林」なのです。森林という包容力のある場が研修のステージとなり、そこに多様な人々が集まってきて学び合います。森や風、光、音を感じながら、子どものことを語り合うという状況のなかに、豊かな学びのあり方を見る思いがします。研修では「どのように学ぶか」も大事ですが、それと同じくらいに「どこで学ぶか」が重要だと考えます。

　実は、幼児教育と森林とのつながりはとても深いものがあるのです。環境教育という観点からも深いかかわりがありますが、歴史的な意味からも深い縁があるのです。今から約150年前、林学者松野礀と音楽教師松野クララがドイツで出会い恋に落ちたことから物語は始まります。松野クララは来日し結婚します。これは日本人男性とドイツ人女性の国際結婚の第一号です。そして松野クララは、東京女子師範学校に英語教師として雇われたあと、同年11月に創設された同校附属幼稚園の首席保母に就任しました。松野礀はドイツ留学の業績を活かしながら林業の発展のために力を尽くしたといいます。二人の業績を記念して、青山霊園外国人墓地内に二人の顕彰碑が仲良く建立されています。

　樹木も子どももともに、じっくり時間をかけて育っていきます。遠い昔に思いを馳せながら、大きな木を見上げます。風や光を感じ、根を張り、枝を大きくひろげる樹木のエネルギーを感じながら行っていく研修に、豊かな可能性を感じます。

　6つの研修例を紹介しましたが、これらの研修を進めている園や団体では、これが完成形と思っているわけではありません。研修を行ってみて、学び合いを重ねてそのなかで「何かが違う」とずれに気づいたら新しいやり方にチャレンジしていくのです。保育も研修も、そうやって常に変化し続ける、そこがとても大切だと考えます。

　豊かな学びに向けて、やってみたい！　を見つけて、ぜひやってみてください。

学びがつながる多様な研修方法　147

座談会

語り合うことで、
研修・学びが変わった

田島大輔　　宮里暁美　　松本信吾

語り合い学びがひろがる園内研修

試行錯誤しながらよりよくしていくプロセスが大事

宮里　本日はよろしくお願いいたします。本巻は、『「ずれ」を楽しむ保育シリーズ』の"研修・学び合い"をテーマとする巻になります。第2章では、園内研修に関する6事例、第3章では、外部講師を招く等の研修方法を工夫した6事例を収載していますが、その特徴などを話し合っていければと思います。まず、事例6の順正寺こども園はいかがでしょうか。

松本　順正寺こども園の以前の園内研修はよく見られる研修の形だと思いますが、正解を求める形になっていました。職員に自由に語らせようとしても、正解を求める感じになるのはよく陥ってしまうケースです。そこに気づいて変えていこうという感覚が大事な点だと感じました。

宮里　園内研修については6つの園を取り上げていますが、いずれの園でもそうした変遷が語られているように思いました。

松本　試行錯誤しながら、よりよくしていくプロセスが語られていますね。

田島　園内研修では、ボトムアップ型や先生たちが語る形式が多いですが、順正寺こども園がありのままに語ってくださったように、実はゴールを設けて始めてしまうこともしばしばありますよね。事例3のふたばこども園では、働き方改革と保育の質は表裏一体だという話が出ています。時間をかけるこ

とで学びや質は深まりやすい部分もありますが、働き方改革や保育業務の多様化などもあり、研修の形を自分の園なりに模索することで深まる部分を示唆してくれています。

松本 ふたばこども園は、保育者の姿から"もっと語りたがっているんじゃないか"ととらえたり、"この研修は自分たちでもできるのでは？"と考えたりと、保育者自身からボトムアップ的に出てくるところがおもしろかったです。

田島 言葉もアップデートされていくのが「ずれ」のポイントといえるのではないでしょうか。研修の形式もアップデートして、現状に満足するのではなく、"こうしていこう"という思いが2つの事例の共通点といえると思います。

普段の保育のなかでも語り合いがひろがる

宮里 保育者たちが園内研修のときだけでなく、普段の保育のなかでも語り合っている姿も見えてきます。そうしたことが大事ですよね。事例2のかえで幼稚園はいかがでしょうか。

松本 自園の研修に外部の人に参加してもらうという点は、かえで幼稚園が工夫されていることだと思います。自園だけでは、どうしても考え方ややり方が固定化しやすいですから、外部の人の目という装置を通して、当たり前だと思っていることから違いを感じられる工夫をしているのがおもしろいと思いました。また、研修は時間の確保が大変ですが、普段の日常業務も研修になるという発想もユニークですね。

宮里 そうですね。

松本 例えば、クラスだよりを保護者への報告という目的だけでなく、内容を語り合う機会を設けて、自分の価値観・保育観を語る場になるということで、研修ととらえているのは興味深かったですね。

田島 なぜと問うこと（Why）が入ることが大事ですよね。Whyの根拠を示すことで、クラスだよりも研修になっていく。ひと工夫されていることがポイントですね。

宮里 かえで幼稚園ではファシリテーターはどなたが担っているんですか。

松本 基本的には園長だと思います。園長が一言「そうなの？」とWhyを投じるだけで、日常業務の意識は変わるかもしれません。

田島 意味づけるとか問いかけるとか、聞いてくれたり投げかけてくれる人がいることが大きなポイントな気がします。順正寺こども園はミドルリーダ

語り合うことで、研修・学びが変わった　151

ーが中心ですが、ふたばこども園やかえで幼稚園は園長を中心に聞いてくれることが事例になっています。受け止めてくれて、投げかけてくれるという営みが支えてくれているだと思います。

日常の保育を学びに活かすための工夫や取り組み

宮里　事例5の野中こども園はいかがですか。

田島　野中こども園は、長く勤めている職員が今までの蓄積を見える化したことが特徴ですよね。普段語っていることはインフォーマルなことも多く暗黙知になりやすい部分がありますね。話している者同士ではわかることでも、他の人にはわからないこともあります。それを、きちんとみんなで語る仕組みをつくって制度化したことが特徴ですね。また、長く勤めている職員が多いこともあって、キャリアイメージを提示している研修体系を構築していることも特徴だと思います。

松本　野中こども園は、ずっと積み重ねてきたプロセスの成果がかなり現れていると思います。研修が複数の層になっていて、他園の方々が参考にできるのではないでしょうか。

田島　事例4の城崎こども園は、外部講師を外的資源として活用しているところがポイントです。また、子育て中の保育者も多いので、ICTを活用してすき間時間を見つけて記録を取っていくなど、ICTや外部講師といった外部資源とうまく付き合っていく方法が提示されていると思います。

松本　城崎こども園は、保育者が自分たち発信で、例えば、「他園を見に行きたい」となっていくなど、外部講師に触発されて、自分たちの見たいこと、語りたいこと、学びたいことが徐々に生まれてくる過程が見えてきました。

田島　私たちも講師を務める機会がありますが、何のための、誰が主体の園内研修かを考えないと、ややもすると、講師側の自己満足で終わってしまいかねないので、気をつけていきたいです。

松本　研修を外部講師に依頼している園においても、自分たちの園の研修をどうしていくかを当事者として考えていく必要がありますから、単発ではなく研修を継続して講師とともにつくっていくことが大切だと思います。

> 「何のため」「誰が主体」かを考えないと、講師の自己満足で終わってしまう

田島 城崎こども園が公開保育にチャレンジしたきっかけは、"外部の人と対話したい"という当事者側の発信がキーワードになっていますよね。

松本 事例3のふたばこども園のように子どもの姿を語るときに、写真は語りのきっかけとして有効で、ほかの人たちも、写真1枚から想像して意見や感想を述べることができます。一方で、事例1のひきえ子ども園のエピソード記述では、保育をしたときの自分の気持ちや心の動きを表すことに有効で、繰り返し書いていくことでそれが余すことなく表現できるようになっていきます。自分たちの目指すことによってさまざまな方法がありますね。

宮里 私は、ひきえ子ども園のエピソード記述の園内研修に立ち会ったことがあります。そのときに、"みんな、この時間が好きなんだな"という気がしました。"あなたの語っていることを聞きたい"という空気感があるんです。園が立ち上がったときから積み重ねてきたものがあるのかなと思います。誰かの語りを聞いて自分の保育を振り返ったり、"あのときはこうだったかもしれない"と考えるという営みが魅力的です。

松本 保育観というか、自分の子ども観、子ども理解を中心に、話し合いが行われているような研修だと思います。

宮里 ここで紹介させていただいた園はみんなそうしたことが大事だと言っていましたよね。

田島 ひきえ子ども園は、保育者ならではの心情が表れていて、迷いや葛藤を背負っていることがエピソードとして語られていることに共感しました。子どもを中心にしているけれど、保育者の迷いや葛藤など、いろいろな感情が入り込むのがエピソード記述のよいところだと感じます。

松本 楽しいことだけを語る研修では、保育の本音は出てきにくいかもしれません。保育者が不安を語るのは、実は意外と難しいと思います。感じたことを素直に言ってもいいという安心感が必要でしょう。お互いの思いを受け止め合えて、聞き手も当事者としてともに保育をしていると感じられるからこそ伝えられるし、伝わるのだと思います。

田島 "語り手"と"聞き手"の関係がおもしろいですよね。"よい語り手"がいるから"よい聞き手"が育って、"よい聞き手"がいるから"よい語り"が生まれるように思います。

松本 雑談の大切さやICTの活用の仕方など読者の方々も、自分たちの研修につながる部分が見つかると思います。

語り合うことで、研修・学びが変わった　153

外部の力を活用することで
これまでとは違う視点が生まれる

園の外に出ていくことによって刺激を受けられる

宮里　次は、いろいろな人々が交ざり合うタイプです。まず事例7の三園合同研究会です。同じ大学内にあるので普段から会えないこともないし、ある程度考え方は一致していますが、すぐに合同研修が始まったわけではありません。はじめのうちはそれぞれの成果発表のようになりがちな面もありましたが、何年か前に"子どものことを話そう"と、写真を持ち寄って話し合いを重ねるなかでこの時間を楽しみにする気持ちがひろがってきました。それぞれに担当している子どもの年齢が違うのもよいみたいですね。

松本　語りが生まれやすいよい仕組みですよね。

宮里　聞きたいことが出てくるんですよね。子どものエピソードを持ち寄っているので、重なる部分があり、同時に違いもあるということが意味をもったのだと思います。

田島　例えば、「どう休憩を取っているの？」など、それぞれの違いから話していますが、子どもを中心に語り合っているところが重要だと思います。

宮里　初回のテーマは「入園当初の子どもと保育」という、どの園にもあてはまるものにしました。4月頃の子どもの姿を持ち寄って語り合うなかで、戸惑いもあったり、意外と平気とか、さまざまな反応が見られました。語りやすいキーワードから入ったこともありますが、年3〜4回の開催を楽しみにしているという声が寄せられると、やっぱりうれしいですね。

松本　附属幼稚園など研究を背負っている園の研修は、研究テーマがあって成果物にまとめないといけないので、どうしても縛られる側面があります。ゴールありきになりがちですから、この例のように自由に語れることは楽しいと思います。例えば、幼稚園の先生は乳児とは直接はかかわらないので、想像したり工夫したりして語っている。そして、語るだけでなくその語りの痕跡を残す工夫をすることで、お互いの思いが重なったり、会話が生まれることがあると思います。

宮里　園の中で深めていく研修もあるけれど、外に出て新しい刺激を受けてくる研修のなかの、ご近所版といえるかもしれませんね。

田島　地域には幼稚園や保育所がたくさんありますよね。地域の子どもを育

ているのはどこも同じですので、隣の保育所等のことを知ろうとすることが大切な気がします。

安心して語れる合同研修のなかで揺さぶられて気づく

宮里 事例10の岐阜の事例はいかがですか。

松本 ゴチャ混ぜの公開保育ですが、ホスト園は何の準備もしておらず、参加者は保育を見るというより保育に参加する形に近いかもしれません。

田島 観察者ではなくて、参加者として自分たちも保育のなかに入りこんで保育を見るということですね。

松本 幼稚園、認定こども園、保育所、私立、無認可など、立場や規模が全然違うので、「うちの園の常識は隣の園の非常識」というくらい考え方が違います。例えば、子どもの遊んでいる姿を見て、ある園では「何とかしないと!」となるけれど、ある園にとってはそれは日常的な光景だったりします。そのあたりのずれや揺さぶられ方から、素直に"自分のやっていた保育って何なんだろう"と気づくきっかけになると思います。事例10のゴチャ混ぜはいわゆる組織がありませんので、知っている人たちに案内を出しています。事例8の足立区を中心とする自主研修会(D研)は個人参加が多いのですか?

田島 圧倒的に個人の口コミが多いですね。SNSでの発信も一切していないので、人と人のつながりで参加している方が多いです。

松本 私が幼稚園に勤めていた当時は、研修に関する情報がそれほど入ってこない時代で、園が指定する研修しか行けないこともありました。今は情報も入りやすいし、保育を語りたい人たちが集まって語ることができるのはよいことですよね。D研では、事例は持ち回りで決めているのですか。

田島 まだ立ち上がって3年目くらいですが、コロナ禍だったこともあり、事例を話したい人たちが持ち回りで話している形です。事例を軸にというところがポイントだと思っています。

松本 岐阜のゴチャ混ぜも2〜3年目なので、同じくらいですね。

宮里 三園合同研究会も、事例を検討する形になって3年目くらいですね。

対面で語りたい気持ちがひろがる

田島 リモートでの研修会も増えましたが、対面で直接語りたいという声も

語り合うことで、研修・学びが変わった　155

多い印象があります。

松本 語りたい欲が高まったんでしょうね。それと、ほかの園の保育者と一緒に保育を語りたいという思いも出てきたのかもしれません。いつでも語れるという雰囲気もできて、ちょっとしたきっかけで関心のある人が集まって研修ができる感じがありますよね。

田島 事例8のD研は園長や若手などさまざまな層が参加していておもしろいです。園内ではなく園外だから、さまざまな立場の職員が参加できることも大きいと思います。

松本 合同研修会の意味はそこですよね。自分の園でやるよりも安心できる、安心して語りやすいところがあるという気がしませんか。

田島 共通点は大きなポイントですよね。4月初め、若い保育者がいろんな物を持ち込むことで子どもたちが安心してほしいと願うけれど、本当に安心させるって何だろうなど、同じ悩みなど共通点から問いが生まれてくるのもおもしろいですよね。それと、不平不満だけにならないことも大事だと思います。愚痴をこぼすことは大切ですが、それが何かの転換点になるかが大事だと思います。

宮里 自由意志で集まったメンバーで語り合う研修はとても大事だと思います。園での立場に縛られていない場だからこそ当たり前を見直すきっかけを得たり、「実はうちの園、ずれていたかも…」ということに気づきやすい面もあると思います。

松本 今の時代、オンラインの研修会に参加したり、近くの人とつながる、もしくは地域の勉強会などの集まりに行くとなったときに、それこそ3人集まれば始められることを考えたら、だいぶ孤独を感じなくなりましたよね（笑）。

田島 それだけでも全然変わりますね（笑）。

> 立場に縛られない場だからこそ、当たり前を見直すきっかけを得ることができます

新しい気づきが得られる研修のあり方

保育者が自分で考える芽が出るきっかけをつくる

宮里 事例11の保育のデザイン研究所は、まず園が何を求めているのかをリサーチして、研修計画を作成して、適宜、軌道修正して研修を実施していく。

先に研修方法を決めてしまうのではないところがおもしろいですよね。

田島 伴走者として、サポートの選択肢がひろがるのは大きいですよね。

宮里 さまざまなニーズに対応している例だと思います。事例11を紹介することで、研修はニーズから始まる、ということが見えてくるかな、と思ったんです。

松本 「うちではこんな研修ができます」と研修方法が先にありがちですが、その園の背景や現状、ニーズを把握して、「どうしていこう」と提案するやり方は、保育の営みを連想しました。子ども理解という背景があって、どうやっていこうかを丁寧に考える。当然、状況は園によって違うわけで、その園と会話して引き出していくやり方は保育に近いと感じました。

宮里 保育のデザイン研究所の方々が一緒に喜んだりすることで、園の先生たちのやる気が増していくあたりも保育のあり方と似ていますね。

松本 保育者が自分で考えようとする芽が出るきっかけをつくっていく。そして、自ら伸びようとしていくことを、水をあげたりして支えている感じがして、いいなと思いました。

田島 そういう意味で一つの方向性を示してくれていますよね。園内ではその役割を担える人がいないときがあると思うのです。継続的に花に水をあげていくようにサポートしている様子がとてもわかりやすい形で示されています。いろいろ提案をしてくれる人がいることも大きいと思います。

宮里 園内で行うにしろ法人全体で行う研修にしろ、保育者自身が変わっていくことや気づきがひろがることを目的とするなら、自分たちを揺り動かしてくれるところを選ぶべきだし、園側がそういう要望を出していくことが大切でしょうね。

田島 法人が大きくなると、共通のイメージをもつことは難しさが出てきますよね。そういうときに、保育のデザイン研究所のようなところに依頼して、みんなで同じ方向性に立ち保育の質を高めていくことは、可能性がひろがりそうですよね。

心が動くから語りたくなる

宮里 私が公立幼稚園にいた頃は、事例を語り合う研究会が多かったです。事例12の『「おや？」「は！」カードで語り合う研修方法』は、もっと違う方法はないかとみんなで話し合って作り出した研修方法です。それをクオリスキッズ駒込保育園が園内研修のなかで活用してくれました。やってみたら、

語り合うことで、研修・学びが変わった　　157

"こんなことに気づいた""みんなに伝えたい"という意欲が芽生えて語り合いが生まれたようです。

松本　語り合うには、最初は装置というか、きっかけがあるとよいですよね。いきなり語れと言っても難しいですし、心が動くから語りたいわけですから。

田島　心が動くことに焦点を当てるのは大事ですね！

宮里　"おや？"という視点は、言いかえれば「ずれ」に気づいたということでもあると思います。

田島　ずれていると、保育者として怖さを感じる面もあると思いますが、そこを楽しもうということに意味があると思います。

松本　楽しみながら一緒に語る雰囲気をつくっていけることが大事ですよね。紹介されている事例を参考にすることで語り合える場、伝えたいことを表現できる場をつくっていく仕組みについて考えていけると思います。

研修の形を常に試行錯誤していく姿勢が大切

宮里　事例9の横浜市私立幼稚園協会では、語り合いを大事にした研究会を長く開催しています。コロナ禍で開催が難しくなり、zoomでも実施して、今では詳しい人の力を借りてGoogle スライドを活用した形で実施しています。ただ、Googleスライドへのコメントの入力に集中してしまうと逆に語れなくなるということも出てくることがわかりました。大事なのは語り合うことなので、そこをいかに守るか、知恵をしぼっているところです。今は月1回の実施ですが、4、5月は対面、10、11月はオンラインなど、開催方法も工夫しているので、ほかの園にも参考にしていただけるかと思います。

松本　今までも語ることを大事にしていたから、コロナ禍になっても、自分事として語る工夫をしているのでしょうね。自分で書いたほうが伝えられるだろうけれど、それでは語りが不足するから書くことを緩くするなど、試行錯誤したプロセスはおもしろいですね。

宮里　試行錯誤はありましたね。2時間のうち1時間10分くらいはグループに任されて、最後の30〜40分で共有していくのですが、「うちのグループはたくさん話したので見せるものはないです」ということが起こります。一見、残念な結果に見えるのですが、実はそのほうが大事だというのが研究会の振り返りで出てきました。それで、書くことを求めないようにしようと変わっていったんです。

松本　次の展開が生まれてくるのが進め方も含めて対話的ですよね。正しい方法があるわけではなくて、参加者の目的から生まれてくるのがよくわかります。何を一番大事にするかを常に考え続けることは研修する側にとっても大事でしょうね。

宮里　研修自体が学びたい内容や参加者のニーズとずれていないかということは、常に意識している必要があると思います。

保育者の背景や感じ方が違うからこそ「ずれ」が生まれる

研修では本音が出せる雰囲気づくりが重要

松本　事例すべてを見て、昔とは研修がだいぶ変わっていると実感しました。目的があってそれに向かってというよりも、「気軽に」「楽しく」というキーワードを感じました。答えや正解ではなく、一人ひとりの本音が出せることを大事にしていて、それは職員一人ひとりを大事にしているということだとも思いました。そして、本音を出すためには何らかの装置が必要になるんだとも感じました。外部講師もツールの一つかもしれませんし、写真やカードを活用して、気軽に本音を引き出したり、本音を語っていけるようにする。保育者は子どものことを語るのが本質的に好きなので、少しのきっかけがあると素直に思いを出していけるんだと思いました。

田島　自分が保育をする根底にある思いを呼び起こされるみたいな感じですかね。

松本　それが楽しさになるんでしょうね。最初は緩い語りからのスタートかもしれませんが、次第に子どもの本質を語りたくなっていく。安心して語ることから追求していく方向性はあるだろうと思いました。

田島　入り口が緩いと、このまま緩い空気で行ってしまうのではないかという不安はありますよね。

松本　正解やどう深まるかを、事前に想定していることもありますよね。しかし今回、言葉にしたり蓄積していくというプロセス自体に意味があると思わされました。まさに研修は生き物で、明日の保育をどう紡ぐかをさまざまなやり方で研修を自分たちで見つけていくことの大切さを全体を通して学ばせてもらいました。

語り合うことで、研修・学びが変わった　159

田島　情報があふれている時代なので、うまく資源を活用していくのはどの事例でも共通して出てきたと思います。外部を入れるだけでなく見せるとか、写真を活用したり業務を問い直す、外部講師やエピソード記述、ハイブリッドなど、方法にとどまらずうまく資源として活用していますよね。ですから、資源としてつないでいくことは重要です。やはり、振り返って語ることが基本であり重要だと思います。

さまざまな意見を語り合うことが原動力に

宮里　私は、運営アドバイザーとしてこども園にかかわっていますが、園内研修で保育や子どものことについて語り合った翌日は、何かいい感じなんですよ。「子どもってこんなだよね」「こういうことってあるんだ」と語り合った翌日は、感覚的なものですが、何だか一人ひとりウキウキしている感じがします。それが気軽に語り合えることのよさかなと思います。ただの愚痴の言い合いにならず、一人ひとりが思った素朴な気づきに対して、「おもしろいよね」「不思議だね」など、そこに意味があると互いに言い合える仲間が増えていくといいですね。豊かな保育は保育者自身の手によって実現されますから。その人の感覚や迷いも含めてかけがえのない存在だと感じ合うことで、向き合い方も変わると思います。

田島　だから翌日すっきりする感覚になるのかもしれないですね。自分の価値観を表明するというとハードルは高すぎるかもしれませんが、自分を出せると自分の思考も整理されていきますよね。

宮里　例えば、誰かが自分とは全く違う見方で1枚の写真について発言する

のを聞いて、周りの人がもう一回写真を見直したり。「子どもは手で語ると思ってきたけれど、足で語っていることもあるんじゃないか」という話になって、それならと、みんなで持ってきた写真を足に着目して見直したら、新たな発見があったりします。そういう、まだ汲み尽くせない魅力が保育の世界にはあると思うんですよね。

松本　研修で元気が出るのは、正解がわかるのではなくて、わからないおもしろさに気づくことができることなのかもしれませんね。

田島　わからないことに出会うって素敵ですよね。わからなさを楽しみたいです。

宮里　わからないことがある、という状況って本当にワクワクしますね。

松本　子どものことがわかるのかという話にもなるのですけれども、保育者が本音で語り合うと、保育者の背景も感じ方も違うから、ずれるわけじゃないですか。同じにはならない。そこにそのずれていること、違う意見があることがわからなさやおもしろさをともなって力になるというか、明日に向かっていく原動力になるかもしれないですよね。

宮里　確かにそうですね。本日は、どうもありがとうございました。

松本・田島　どうもありがとうございました。

（収録日：2024年6月8日）

編集者紹介・事例執筆園一覧

編集者紹介

宮里暁美 みやさと・あけみ
お茶の水女子大学お茶大アカデミック・プロダクション寄附講座教授
……刊行にあたって／第2章 事例1〜6を振り返って／第2章 事例12、事例7〜12を振り返って／座談会

田島大輔 たじま・だいすけ
和洋女子大学人文学部こども発達学科助教
……はじめに／第2章 はじめに（事例1〜6）／第2章 はじめに（事例7〜12）、事例8／座談会

松本信吾 まつもと・しんご
岐阜聖徳学園大学教育学部教授
……第1章／座談会

事例執筆園（掲載順）　※園名等および執筆者・執筆協力者名（敬称略）

事例1　社会福祉法人蓮華会 ひきえ子ども園（岐阜県岐阜市）
　　　　和仁正子（副園長）

事例2　学校法人有朋学園 かえで幼稚園（広島県廿日市市）
　　　　中丸元良（園長）

事例3　有限会社大分ふたば ふたばこども園（大分県大分市）
　　　　吉田茂（園長）／芦田菜美（主幹保育教諭）／岩崎佐和子（保育教諭）／玉木久美子（保育教諭）

事例4　社会福祉法人城崎こども園（兵庫県豊岡市）
　　　　西垣浩文（園長）／中尾繭子（副園長）／岩本千晴（保育教諭）
　　　　編集協力：相馬靖明

事例5　社会福祉法人柿ノ木会 野中こども園（静岡県富士宮市）
　　　　中村章啓（副園長）

事例6　社会福祉法人順正寺福祉会 順正寺こども園（広島県広島市）
　　　　伊藤唯道（園長）

事例7　国立大学法人お茶の水女子大学附属幼稚園・国立大学法人お茶の水女子大学認可外保育所 お茶の水女子大学いずみナーサリー・
　　　　文京区立お茶の水女子大学こども園
　　　　佐藤寛子（幼稚園教諭）／前野穂乃実（保育士）

事例8　drawing out研究会（東京都等）
　　　　笠木奈緒子（足立区立いりや第二保育園園長）／増田久美（足立区立東綾瀬保育園園長）／
　　　　南祐衣奈（足立区立東綾瀬保育園保育士）

事例9　横浜市幼稚園協会・特別研究委員会（神奈川県横浜市）
　　　　吉原一久（学校法人一翠学園池辺白ゆり幼稚園副園長）

事例10　ぎふ森遊びと育ちネットワーク（岐阜県全域）
　　　　萩原・ナバ・裕作（岐阜県立森林文化アカデミー教授）／今井英里（美濃加茂市立山之上こども園保育士）

事例11　株式会社保育のデザイン研究所（神奈川県藤沢市）
　　　　川辺尚子（上席研究員）

事例12　株式会社クオリス クオリスキッズ駒込（東京都文京区）
　　　　新井真由美（園長）

「ずれ」を楽しむ保育
見方がひろがる
研修・学び合い

2024年11月20日 発行

編集	宮里暁美、田島大輔、松本信吾
発行者	荘村明彦
発行所	中央法規出版株式会社
	〒110-0016 東京都台東区台東3-29-1 中央法規ビル
	TEL 03-6387-3196
	https://www.chuohoki.co.jp/
印刷・製本	株式会社ルナテック
装幀・本文デザイン	相馬敬徳（Rafters）
イラスト	みやいくみ
座談会写真	島田 聡

定価はカバーに表示してあります。
ISBN978-4-8243-0109-3

本書のコピー、スキャン、デジタル化等の無断複製は、著作権法上での例外を除き禁じられています。
また、本書を代行業者等の第三者に依頼してコピー、スキャン、デジタル化することは、
たとえ個人や家庭内の利用であっても著作権法違反です。
落丁本・乱丁本はお取り替えいたします。

本書の内容に関するご質問については、
下記URLから「お問い合わせフォーム」にご入力いただきますようお願いいたします。
https://www.chuohoki.co.jp/contact/

A109